POLITIKER IM GESPRÄCH

TV-Konfrontationen
vor der österreichischen
Nationalratswahl 2002

FALLBEISPIEL
zum Band "SYSTEM, FUNKTION und ROLLE"
(Kislinger, A., *ibidem*-Verlag 2001)

Andreas Kislinger

POLITIKER IM GESPRÄCH

TV-Konfrontationen vor der österreichischen Nationalratswahl 2002

ibidem-Verlag
Stuttgart

Bibliografische Information Der Deutschen Bibliothek

Die Deutsche Bibliothek verzeichnet diese Publikation in der Deutschen Nationalbibliografie; detaillierte bibliografische Daten sind im Internet über <http://dnb.ddb.de> abrufbar.

∞

Gedruckt auf alterungsbeständigem, säurefreien Papier
Printed on acid-free paper

ISBN: 3-89821-239-4

Printed in Germany

TV-KONFRONTATIONEN IM ÖSTERREICHISCHEN RUNDFUNK, ORF 2, VOR DER NATIONALRATSWAHL AM 24. NOVEMBER 2002

* Die im vorliegenden Text verwendeten männlichen Formen, im Singular wie im Plural, werden auch an Stelle weiblicher Formen verwendet.

Vorwort

Es werden Ausschnitte aus Wahldiskussionen zwischen den Klubobmännern der vier stimmenstärksten Parteien in Österreich wiedergegeben. Im Teil A wird die Konfrontation der bisherigen Koalitionspartner wiedergegeben, im Teil B und D die Konfrontation der zukünftig möglichen Koalitionspartner und im Teil E die Konfrontation aller Parteiobmänner. Im Teil F werden die Ergebnisse der Nationalratswahl dargestellt, allen Teilen habe ich Themen (Titel und Untertitel) zugeordnet.

Die für Zuseher (und Wähler) wesentlichen Bestandteile und Implikationen der vom Medium Fernsehen eingesetzten Darstellungsformen werden im Teil C ansatzweise erörtert. - Ebenfalls exemplarisch mache ich Anmerkungen bei Aussagen der Politiker, die Personen mit einer bereits oberflächlichen Kenntnis der politischen Landschaft in Österreich aufhorchen lassen.

Bei den Teilen A, B, D, E und F werden thematisch jeweils die Blökke *(Beziehungs-)Analyse* und *Referenzpunkte* unterschieden. In der (Beziehungs-)Analyse werden die "Sprechakte" (Searle 1992) der einzelnen Politiker hinsichtlich durchgehender, während der gesamten Interaktionssequenz der Fernsehkonfrontation zu beobachtender Haltungen und Beziehungen charakterisiert.

In den Referenzpunkten beschränke ich mich auf eine thesenartige Aneinanderreihung von Behauptungen, Feststellungen und/oder Beschreibungen, die beispielsartig einzelne Aspekte wesentlicher, in den Gesprächen direkt oder indirekt behandelter Prozesse erfassen und unterlege diese (punktweise) mit Elementen des im theoretischen Band "System, Funktion und Rolle" (Kislinger, Ibidem Verlag 2001, 225 Seiten) vorgestellten Konzeptes. Das könnte ein Ausgangspunkt zu weiteren Diskussionen und geisteswissenschaftlichen, sozialwissenschaftlichen und betriebswirtschaftlichen Ansätzen sein.

Bei dem hier skizzierten Fallbeispiel stehen jedoch nicht die Bedeutung oder die Auswirkung parteipolitischer Programme während des Wahlkampfes, dabei referierter nationaler/internationaler Sachlagen oder die Art medialer Präsentation und deren Rezeption im Vordergrund. Zentral sind vielmehr die Sprechakte, die als Schnitt- und Kristallisationspunkte *sozialer Dynamiken* (im politischen Kontext) gedacht werden können.

Das Wesen von sozialen Dynamiken zu erfassen, ist eines der zentralen Leitthemen des o.g. Bandes "System, Funktion und Rolle". Im ersten Kapitel werden kurz die wesentlichen Aspekte verbalen und averbalen Verhaltens erklärt, das sich gegenseitig verstärken, modifizieren, widersprechen oder substituieren kann.

Bei den hier beobachteten Politikern wäre eine weitgehend unterstreichende Funktion der Körpersprache während der Gespräche festzustellen. Bezogen auf eingegrenzte Sequenzen lassen sich in den gesamten Gesprächsverläufen, die auf einen ersten Blick sehr einheitlich wirkenden Darstellungsformen der einzelnen Politiker durch eine Zusammenschau des averbalen und verbalen Betrachtungskanals mehrdimensionaler detaillieren. Das wird an wenigen Beispielen vorgeführt.

Ebenso wird im ersten Kapitel des o.g. Bandes die Frage von Identität und Charakter behandelt und diesen Fragen folgend wären Theorien darüber zu entwickeln, inwieweit diese das unmittelbare Umfeld (hier: das jeweilige Parteiensystem) widerspiegeln und repräsentieren (können) und in welchem Ausmaß veränderte Zielsetzungen in die Identitäten von Parteimitgliedern integriert werden (können).

Diese Liste möglicher Themen, Thesen oder Theorien wird in den *Referenzpunkten* der Teile A, B, D, E, F weiter kursorisch ausgeführt.

Die hier vorliegende Materialzusammenstellung soll auch zur Analyse alltäglich-medialer Präsentation anregen. Dabei geht es um die Wirksamkeit einer als vollständig wahrgenommenen Information: Sie erscheint ausreichend, zusammenhängend und abgerundet.

Nur bei einem zweiten Blick, der in der Logik medialer Rezeption kaum vorgesehen ist, wird der rudimentäre Charakter einer sich als Endprodukt präsentierenden Ereignisdarstellung offensichtlich. Die bereitgestellte Information ist - neben dem Auslösen und Aktivieren menschlicher Grundaufmerksamkeiten und -affekte - nicht mehr als ein Ausgangspunkt für weiteres informatorisches Handeln.

TEIL A

Gespräch von Dr. Wolfgang Schüssel (Klubobmann der ÖVP und Bundeskanzler) und Mag. Herbert Haupt (formeller Klubobmann der FPÖ)

Thema: Ansichtsdifferenzen?

Zusammenarbeit zwischen ÖVP und FPÖ,
Ereignisse in den Monaten September und Oktober 2002

Ich zitiere Ausschnitte aus der Wahldiskussion am Dienstag, den 5. November 2002 im ORF 2 (22 Uhr 30 bis 23 Uhr 35):

Wolfgang Schüssel zu Herbert Haupt:

"...ganz Österreich war Zeuge und hat miterlebt, wie in der ersten Septemberwoche die von Tag zu Tag, die drei wichtigsten *Führungsfiguren*[1] der freiheitlichen Partei, die Vizekanzlerin, der Finanzminister und der Parteiobmann zum Rücktritt gezwungen worden sind und Sie selber waren dabei, als bei einer Pressekonferenz am Mittwoch, ich glaube, es war der vierte September, wie sie quasi *kollektiv mit dem Rücktritt gedroht haben*, doch nicht meinetwegen, Herr Minister Haupt, sondern innerhalb der freiheitlichen Partei die Spaltungstendenzen, der Druck so groß geworden ist das dann am Sonntag und das haben Millionen Österreicher miterlebt, die Parteiobfrau, die *Vizekanzlerin* erklären musste, sie könne die *Umsetzung des Regierungsprogramms in der Regierung nicht mehr garantieren*, warum also *im Nachhinein so eine Geschichtsfälschung* ich hätte gerne weitergearbeitet, ich sage das sehr offen, denn ich war traurig darüber, dass diese erfolgreiche Partnerschaft zusammengebrochen ist, weil man von innen her diesen Reformkurs nicht mehr tragen wollte."

Herbert Haupt zu Wolfgang Schüssel:

"Sie wissen ganz genau, dass es anders war: Wir haben ein *Regierungsübereinkommen gehabt, die zum Ziel gehabt hat* und das können Sie ja gerne und jederzeit nachlesen, *die volle Legislaturperiode* und

---

[1] Diese Bezeichnung erinnert an ein Schachspiel, bei welchem Figuren hin- und hergeschoben werden. Wolfgang Schüssel stellt diese Bemerkung in den Raum, die Zuseher dürfen darüber entscheiden, ob sie denken, dass Wolfgang Schüssel mit den Figuren zieht, weil er das prinzipiell so macht, oder ob er einen Zug oder mehrere Züge bereits gemacht hat, oder ob die Zuseher denken, in der Politik wird allgemein mit Figuren geschoben, oder ob die FPÖ mit Figuren schiebt...

die *Auflösung gemeinsam zu planen.* Wir haben in diesem Vertrag gehabt, dass jede der beiden Parteien für ihre Regierungsämter und für die Nominierung allfälliger Nachfolger verantwortlich ist und sonst niemand. Und sie haben es auch verfolgt, dass ich damals gemeinsam mit der Frau Vizekanzler und den anderen Ministern den Vorschlag gemacht habe, uns der Parteibasis an einem Parteitag, der schon fixiert war, für die *Knittelfelder Erklärung* unserer Parteibasis zu stellen und uns dort die entsprechende Unterstützung abzuholen. Und Sie werden mir recht geben, dass die Erklärung von Knittelfeld keinen einzigen Punkt hat, der nicht durch das Regierungsprogramm gedeckt wäre. Es wäre daher möglich gewesen, diese Regierung fortzusetzen, es wäre möglich gewesen, *sich von der Parteibasis die Unterstützung zu holen*[2]...das ist das eine. Zum zweiten darf ich Sie darauf hinweisen, dass auch der Landeshauptmann von Vorarlberg und das wissen Sie ganz genau, schon am Tag bevor die Regierung überhaupt noch aufgeklärt war, wo Sie ja mit dem damaligen geschäftsführenden Kollegen Scheibner eine Gesprächsrunde gehabt haben, *bereits über die Medien, schwarz und rot sich gewunschen haben, dass mir zum Nachdenken gegeben hat*[3], ich sage es dazu, denn es gibt ja in Österreich

---

[2] Es fällt auf, dass in einer Partei, die durch einen häufigen Personenwechsel gekennzeichnet ist, die Personen, die gerade der Parteilinie entsprechen, Unterstützung bekommen, währenddessen andere Personen, die dieser Linie nicht entsprechen schnell wieder ausgeschlossen werden können. Die Positionen in der FPÖ sind leichter zu bekommen, aber auch leichter zu verlieren und es besteht ein wesentlich größerer Unterschied zwischen einer (durch die Parteiführung erfolgenden) Zuwendung und Abwendung als das in anderen Parteien beobachtbar wäre. Das ist auch auf den Umstand zurückzuführen, dass die Parteiführung der FPÖ (im Vergleich zu den anderen Parteien), ausschließlich von einer Person gemanagt wird, die unaustauschbar ist und dass die größte hierarchische Distanz zwischen der ersten und der zweiten Führungsebene (von oben nach unten) besteht.

[3] Der hier von Herbert Haupt beobachtete Tatbestand, dass Wolfgang Schüssel über einen neuen Regierungspartner nachdenkt, kennzeichnet einen Prozess, in welchem Wolfgang Schüssel, sich im Klaren wird, dass die bereits turbulent begonnene Regierungszusammenarbeit nun das erträgliches Maß endgültig überschritten hat. Bevor Wolfgang Schüssel sich von der bestehenden Regierungsmannschaft innerlich distanzieren konnte, waren (so deutlich zum ersten Mal in seiner öffentlich-medial verfolgbaren Berufsgeschichte) Gefühle von Trauer, Trennung und des Loslassens

heute drei Optionen: Es gibt die Option, dass die *erfolgreichen Modelle*, die wir über die letzten zwei Jahre durchgeführt haben, weitergeht, es gibt das Modell des Stillstands zwischen Schwarz [ÖVP] und Rot [SPÖ], das wir kennen und es gibt das Modell, von Rot und Grün, das die Bundesrepublik Deutschland nach unten geführt hat..."

Zwei Wortwechsel (Monologe) von Wolfgang Schüssel und Herbert Haupt.

Wolfgang Schüssel:

"...ich habe es mir nicht leicht gemacht, mit der Entscheidung, denn so ein großes Risiko, damals waren die Umfragen ganz anders als heute und ich sage Ihnen ganz offen, was mich stört in dieser Geschichte ist, dass man jetzt die Dinge verharmlost, in Knittelfeld ist sehr viel mehr zerbrochen, als nur irgendeine kleine Krise, ein Betriebsunfall, es ist *auf offener Bühne ein Kompromissvorschlag zerrissen worden* vom freiheitlichen Parteisekretär aus Kärnten, mit Worten, er steht dazu nicht, das ist eine Schweinerei, das ist ein Papier, das der KPÖ [kommunistische Partei Österreichs] würdig wäre, es ist auf offener Bühne zerrissen worden. Und da dann nicht darauf zu reagieren und hinten nach zu behaupten, die ÖVP hätte den Bruch herbeigeführt, sein Sie mir nicht bös, aber das ist Ihrer nicht würdig, wozu haben wir dann auch *gemeinsam den Nationalrat aufgelöst*, warum hat sich dann ihr Klubobmann in der Parlamentssitzung am 29. September wörtlich, ich zitiere, für dieses zum Teil unwürdige Schauspiel, das die Freiheitlichen in den letzten Wochen geboten haben, sich bei der österreichischen Bevölkerung in aller Form entschuldigen möchte...

(von geschätzten Personen des bisherigen Koalitionspartners, der Wolfgang Schüssel eine bisher nie dagewesene Macht ermöglicht hatte) bei diesem Politiker in der Öffentlichkeit spürbar. Der folgende Gesprächsausschnitt zeigt den rationalen Anteil dieser, von Wolfgang Schüssel zu einer Entscheidungssituation gemachten parlamentarischer Konstellation - von der Position der ÖVP aus (ohne Koalitionspartner) und der Einschätzung von Gewinnpotentialen durch die ÖVP, angeführt von deren Kanzler.

...(Funktionäre der FPÖ), das sind ja erfahrene Profis, mit denen ich gut gearbeitet habe, ich halte noch einmal fest für mich, kein Wort mehr, wir hätten den Vertrag gebrochen, im Gegenteil, wir haben ihn 1:1 eingehalten, kein Wort aber der Verteidigung eigentlich für *Riess Passer* [Vizekanzerlin] und *Karl Heinz Grasser* [Finanzminister] gegenüber *Jörg Haider*, ich meine, sie hätten sich das verdient, die Erfolge, die absoluten Erfolge der Budgetpolitik, na, wer hat sie denn gemacht, mit mir und mit ihnen, *Karl Heinz Grasser*, der erfolgreiche Finanzminister..."

Wolfgang Schüssel:

"...Europa: Das war ja ein Thema, wo´s in Knittelfeld geknistert hat, vorher, nachher und ich erinnere mich sehr genau, wie wir die Gespräche begonnen haben, im Jahr 2000, das eigentlich mein erstes Thema gewesen ist, können wir in dieser Frage zusammenarbeiten und das ist mir ganz wesentlich, denn ich habe ja gewusst, dass in *dieser Legislaturperiode die Erweiterung der europäischen Union* vorbereitet werden wird, dass wir im September 2002, also jetzt in wenigen Wochen in Kopenhagen die Weichen stellen werden, dass zehn unser Nachbarländer, baltische Länder, Malta und Zypern Mitgliedsländer werden können, ich glaube, dass Österreich damit eine historische Chance hat, vom Rand ins Zentrum zu kommen, wirtschaftlich davon zu profitieren, dass wir endlich wieder ein Rolle in diesem Mitteleuropa spielen können, die wir ja jahrhundertelang gehabt haben und die uns durch den Kommunismus, durch den eisernen Vorhang eigentlich verwehrt wurde. Das ist für mich nicht nur ein Herzensanliegen, sondern auch ein zentrales politisches Anliegen, wissend, dass es natürlich auch *Sachprobleme gibt, die Grenzregionen, der Arbeitsmarkt, die Frage der Landwirtschaft, die Finanzierbarkeit, die Kosten, der Verkehr, die nukleare Sicherheit*, mein Weg war, dass wir gesagt haben, wir wollen das, wir stellen das Ja zur Erweiterung zentral heraus, versuchen aber gleichzeitig mit unseren Nachbarn und mit den Freunden in der Union ganz konkrete Antworten auf die Ängste und die

Sorgen der Bevölkerung zu finden...wir haben zum Beispiel beim *Arbeitsmarkt* gemeinsam eine *7-monatige Übergangsfrist* herausverhandelt, da waren nur die Deutschen und wir, alle anderen waren sehr skeptisch, wir habens durchgesetzt, *in der Frage Verkehr*, habe ich erreicht im Dezember beim Europäischen Rat in Laaken, dass wir eine Nachfolgeregelung bekommen und ich glaube, dass Mathias Reichhold [Verkehrsminister, FPÖ] jetzt knapp vor einem wirklichen Durchbruch in dieser Frage steht und wir brauchen das, weil wir wollen ja nicht überrollt werden vom Verkehr, der Ost-West, Nord-Süd zusätzlich auf uns zukommt, wir haben *bei der Frage der Bauern eine 12-jährige Sicherheit* jetzt bis ins Jahr 2013 erreichen können durch den Kompromiss von Brüssel und haben gleichzeitig 50 Millionen Euro pro Jahr an Erweiterungskosten für den österreichischen Steuerzahler eingespart, dann bei *der Frage der nuklearen Sicherheit*, wir haben drei Kernkraftwerke stillgelegt, wir haben fünf Kernkraftwerke der Union, darunter Temelin, wesentlich hochrüsten lassen, *da gibt's einen völkerrechtlichen Vertrag, der einklagbar werden wird* und ich glaube, dass das der richtige Weg ist, dass wir damit auch *wirtschaftlich viel für unsere Arbeitsplätze*, für *unsere Bevölkerung, für unseren Wohlstand tun können* und gleichzeitig auch diese Nachbarschaftserweiterung zu einem großen Erfolg machen und wiederum sehe ich jetzt, obwohl das in unseren gemeinsamen Regierungsprogramm drinnen steht, die Plakate mit großer Skepsis, *in Knittelfeld klare Veto-Drohungen ausgesprochen*...klare Ansagen, wir wollen das Ganze verzögern, eigentlich wollen wir solche Auflagen haben, dass die Erweiterung vielleicht unmöglich gemacht wird, die Forderung in Knittelfeld war da einen eigenen Sonderparteitag zu beschließen, wo überhaupt der Ministerrat grünes Licht für die Erweiterung geben kann und das ist dann ein sehr ernster Punkt, denn wer *diese zentrale Frage für Österreich nicht mit einem sehr klaren Ja beantworten kann, der nimmt sich selber aus dem Spiel* und da will ich Klarheit haben, genauso wie ich Sie im September 2000 Sie gefragt habe, könnt Ihr das mitgehen und damals ein klares Ja bekommen habe, bin ich jetzt sehr besorgt, dass eigentlich die skeptischen Stimmen zunehmen und das ganze Projekt in Frage stellen."

Herbert Haupt:

"...bin ich nämlich gestartet am 24. Oktober 2000 als ich Bundesminister geworden bin, *für die Ostererweiterung gemeinsam mit dem damaligen deutschen Sozialminister hier hart und der schwedischen Präsidentschaft gekämpft habe*, aus der Formel 2, 2+2+3, *7 Jahre zu machen*, die Arbeiterkammer und der Gewerkschaftsbund hat mir Null Vertrauen gesetzt, dass ich das erreichen werde, genauso wie Null Vertrauen in mich gesetzt wurde, dass ich in der *BSE Krise* das Geld für die österreichischen Bauern holen werde, ich bin nach Brüssel gefahren, 19 Stunden habe ich dort die Sitzung blockiert, das ist ja vielen Österreichern noch in Erinnerung, zurück gekommen bin ich mit der gleichen Finanzierung für die BSE Krise wie alle anderen Länder, das bedeutet für jeden österreichischen Bauer 650 bis 690 Schilling pro verkauftem Rind, das mehr in seiner Tasche bleibt, ich habe mit meinen Ministerien nicht nur mit Ungarn, Tschechien, den direkten Nachbarn Slowenien, Polen und die anderen Ländern die Osterweiterung im Sozialen und im Gesundheitlichen vorzubereiten...und auch mit Bulgarien und Rumänien, Moldawien und mit der Ukraine...ich war mehrfach in Polen, die polnischen Bauern verstehen es nicht, dass sie 50 Jahre nach dem 2. Weltkrieg, 50 Jahre, nachdem sie den Kommunismus überlebt haben, den 2. Weltkrieg überlebt haben, dass sie heute massiv durch die Osterweiterung bedroht sind, gerade in diesem Punkt ist...noch einiges offen und ich glaube, dass wir gut beraten sind, uns in diesem Bereich uns noch mehr einfallen zu lassen, als es jetzt in der globalen Absicht da ist, denn wenn wir hier versagen, dann werden wir tatsächlich Zustände bekommen im sozialen und im Gesundheitsbereich und im Landwirtschaftsbereich durch die Migration dann Entwurzelten, die uns in Europa *Zukunftsprobleme* machen wird und ich glaube daher, dass unsere Haltung zu Europa klar ist, wir waren schon lange eine Europapartei, wie andere, wie die Sozialdemokraten noch auf der Bremse gestanden sind, wir haben aber immer klar und deutlich gesagt, dass die Osterweiterung *österreichverträglich* und *sozial- und gesundheitsverträglich* sein muss. Zwei Probleme haben wir aber aus unserer Sicht, das sind die *Benesch Dekrete* und das ist auch in Temelin über den heutigen *Sicherheitsstandard* hinaus, eine deutlich bessere...zu machen, Sie haben es angeführt, mit der Slowakei war es möglich, zu vereinbaren, das Schließen von Kraftwerken ein genaues Procedere, das muss auch mit den Tschechen möglich sein..."

(Beziehungs-)ANALYSE:

Sowohl bei den Ereignissen, die zu einer verfrühten Wahl geführt haben, als auch bei der Frage der EU-Osterweiterung bestehen unterschiedliche, einander widersprechende Standpunkte. Auf innenpolitischer Ebene ist die FPÖ auf Konfrontationskurs, aussenpolitisch agiert sie mit stark ausgeprägtem Risikobewusstsein (Ausnahme: die jüngste aussenpolitische Aktion der Privatperson *Jörg Haider**, seine Reise in den nahen Osten, den Irak). Die ÖVP vertritt die Haltung, die Chance einer EU-Osterweiterung zu nützen und sich die dadurch entstehenden Vorteile zu sichern.

Obwohl *Wolfgang Schüssel* in einer stärkeren Position ist, ist er weit in die innere Dynamik der FPÖ hineingezogen und involviert worden. Das zeigt sich daran, dass er die bestehenden Alternativen und Möglichkeiten der von der informellen Führung der FPÖ (*Jörg Haider) geächteten Führungsriege (Vizekanzlerin, Finanzminister, Parteiobmann) durch- und mitdenkt.

Selbst bei der Meinungsäußerung von *Herbert Haupt* über die Irak-Reise *Jörg Haiders* versucht er korrigierend zur Seite zu stehen. *Wolfgang Schüssel* als Person, die vielen Personen der FPÖ und deren Auseinandersetzungen mit der informellen Führung der FPÖ stehen im Zentrum seiner Aufmerksamkeit, nicht aber ÖVP oder Art der Abläufe und Koordinationen innerhalb seiner Partei.

Beobachtend schiedsrichtert *Wolfgang Schüssel* das Verhalten der FPÖ - von einer Anteilnahme und bis zu einem Parteiergreifen für die bisher erfolgreichen, jetzt aber zurückgetretenen Funktionäre der FPÖ - inwiefern es seinen, den als allgemein vorausgesetzten (weil aus seiner Sicht voraussetzbaren) moralischen Ansprüchen entspricht. Wenn die übrigen Parteien für die ÖVP keine möglichen Koalitionspartner sein können, dann bleibt nur, sich einen unberechenbaren, instabilen Partner zu erhalten und wenn´s durch die eigene Mithilfe geschieht - schließlich geht es um den Erhalt des eigenen Führungsanspruches.

Laut den im Nachrichtenmagazin *Profil* (Nr. 45, 4. 11. 2002, S 16, 17) veröffentlichten Umfrageergebnissen stehen FPÖ und GRÜNE mit je 11-13% und ÖVP mit 36-38% und SPÖ mit 35-37% fast ranggleich gegenüber. Als Strategie wird *Wolfgang Schüssel* versuchen, den alten Koalitationspartner zu erhalten, sollte bis zu den Nationalratswahlen am 24. November nicht unerwartet ein Meinungsumschwung einsetzen. Die Haltung gegenüber dem potentiellen neuen Koalitionspartner SPÖ läßt sich in den noch kommenden Gesprächen (Teil D und E) ersehen.

Herbert Haupt demgegenüber ist ausschließlich mit den inneren Vorgängen seiner Partei befasst, mit dem "Geradereden" der verwikkelten (weil auch in allen Einzelheiten dargestellten) Vorgänge in seiner Partei, alle Kraft fließt ein, um sich und seine Partei in die für den Wähler vor dem Bildschirm richtige Perspektive zu rücken und zu behaupten.

Im weiteren Gesprächsverlauf gibt *Wolfgang Schüssel* das Thema Europa und damit zusammenhängende Themen vor, die *FPÖ* (Herbert Haupt) bleibt bezüglich der *Benesch Dekrete* (Aspekt der Menschenrechte für einen EU-Betritt Tschechiens) anderer Meinung, was *Wolfgang Schüssel* mit einem "sich selber aus dem Spiel nehmen" als sich ausgrenzend von einer möglichen Koalition versteht. Erst zuletzt im Gespräch schwächt *Herbert Haupt* seine vorher deutlich geäußerte Meinung ab und modifiziert sie zu einer "bewußt zu nutzenden Möglichkeit für Verhandlungen mit Tschechien". Daraufhin gibt *Wolfgang Schüssel* seiner Erleichterung mit einem unüberhör- und körpersprachlich unübersehbaren Seufzer Ausdruck (was soviel bedeutet wie: Die FPÖ würde sich durch diese Korrektur in Zukunft eine mögliche Koalition also doch nicht verbauen).

REFERENZPUNKTE:

(1) Parteien können als "Sinnprovinzen" bezeichnet werden. Sie sind mit eigenständigen Organisationsstrukturen ausgestattet, in welchen allgemeine Richtungshinweise, Orientierung und Bewertung für deren Mitglieder weitergegeben werden und in kurzem, "Sinn" produziert wird, der sich von dem anderer Parteien unterscheidet (System, Funktion und Rolle, Kislinger 2001, S 43):

> Aus einer Akteursperspektive stellen sich Systeme als übersubjektive Sinnstrukturen dar, Esser (1993, 480) beschreibt sie als unterschiedliche Register des Wissens und der Einstellungen einzelner Personen:
> "Der Ausdruck 'mannigfache Situation' bezieht sich auf den Begriff der 'mannigfaltigen Wirklichkeiten' bzw. der 'multiple realities' von Alfred Schütz (Schütz 1971). Schütz knüpft an das Konzept der 'subuniverses' des amerikanischen Psychologen William James (James 1893) an. Dieser verstand darunter bestimmte 'Sinnhorizonte' ('fringes') als unterschiedliche 'subjektive Wirklichkeiten' der Akteure in ihrem Alltag. ...Man kann sich diese subjektiven, vorgestellten mannigfachen Wirklichkeiten und Welten etwas weniger dramatisch als unterschiedliche Register des Wissens und der Einstellungen von Menschen denken, auf die sie jeweils zugreifen und dann im Handeln je nach Situation von einer 'Welt' zur anderen wechseln. Die verschiedenen Sinnhorizonte bilden jeweils relativ abgestimmte Bündel von untereinander zusammenhängenden Wissenselementen. Schütz spricht von 'geschlossenem Sinnbereich' (Schütz 1971, 264). Peter L. Berger und Thomas Luckmann nennen den gleichen Sachverhalt 'umgrenzte Sinnprovinz' (Berger, Luckmann 1977, 28). Erving Goffmann hat den Begriff des 'frames' dafür verwandt und die Untersuchungen dieser Rahmungen des Alltagslebens als 'frame analysis' bezeichnet (Goffman 1977, 11; *vgl. System, Funktion und Rolle, 2. Entität und Lebenswelt/2.1. Systeme/2.1.1. Der Beobachtungsstandpunkt*)."

(2) Bis zu einem gewissen Grad repräsentieren die subjektive Welten die Macht von Parteien, sich selbst zu inszenieren und deren Organisationstruktur, die wesentliche Definitionsbestandteile von Einzel- und von Gruppenidentiäten darstellen (System, Funktion und Rolle, Kislinger 2001, S 43, 44):

Das System benötigt individuelle Sinnstrukturen, die durch Inszenierung generiert werden müssen. Inszenierung bedeutet auch, dass Impulse ausgeschalten werden, dazu Lyotard (1980, 35):

> "...zwischen dem einen und dem anderen Gebiet eine Verdopplungsbeziehung herstellen, die notwendigerweise mit einer Abwertung der Realitäten der Szene einhergeht, die dann nur noch Repräsentanten der Realität der Realität sind. Aber andrerseits und hiervon untrennbar, soll die Funktion der Repräsentation gewährleistet werden, muß die Arbeit der Inszenierung nicht nur, wie gesagt, gleichzeitig eine Exszenierung sein, sondern auch eine Arbeit, die alle Bewegungen rings um den Bildausschnitt vereinheitlicht, die hier und dort, in der 'Realität' wie im Realen die gleichen Normen durchsetzt, die alle Impulse gleichermaßen einer Instanz unterstellt und nicht weniger ex scena als in scena ausschließt und auslöscht. ...(s.o. 34) Die Inszenierung ist keine künstlerische Tätigkeit, sie ist ein allgemeiner Vorgang, der alle Tätigkeitsbereiche betrifft...(*vgl. System, Funktion und Rolle, 2. Entität und Lebenswelt/2.1. Systeme/2.1.1. Der Beobachtungsstandpunkt*)"

Ein augenscheinliches, zentrales, strategisches Element der Selbst-Inszenierung der FPÖ war es in den letzten Jahren, Ursachen für Unstimmigkeiten oder Inhalte, die für die eigene Partei einen nachteiligen Effekt haben könnten, auf andere Parteien oder Personen anderer Parteien "auszulagern". Obwohl diese Taktik von allen im Parlament vertretenen Parteien angewendet wird, ist doch ein wesentlicher Unterschied im Grad der Offensichtlichkeit, Deutlichkeit und der Vehemenz, in welchem versucht wird, dem Image der Partei schadende

Inhalte aus dem Blickfeld des über die Medien teilnehmenden Wählers zu bringen. Die verwendeten Formen einer solchen Exszenierung bilden zu einem bestimmten Ausmaß den Führungsstil und die spezifischen Modalitäten einer Parteiorganisation ab.

Auf einer persönlich-emotionalen Ebene lässt sich bei den Beziehungsformen zu Personen ausserhalb der eigenen Partei bei den Praktiken der FPÖ eine im Vergleich zu anderen Parteien stärker sicht- und erlebbare herabwürdigende Haltung feststellen. Mees (1991, 145f) unterscheidet drei unterschiedliche Emotionstypen, Wertschätzungs-, Bewunderungs- und Verachtungsemotionen. Die Verachtungsemotionen beschreibt er wie folgt (System, Funktion und Rolle, Kislinger 2001, S 85):

"Typ-Spezifikation:	Ein(e) wertlose(s) bzw. unwerthaltige(s) Person / Objekt geringschätzen
Varianten:	Geringschätzung, Verachtung
Typische Handlungen:	beschimpfen, ignorieren, sich abwenden, sich fernhalten

Intensitätsvariation: (1) das Ausmaß der Wertlosigkeit (bzw. Unwerthaltigkeit) (2) das Ausmaß, zu dem die bewertete Person / Objekt nicht gemocht wird (3) das Ausmaß, zu dem die bewertete Person auf Taten anderer Personen ärgerlich bzw. zornig wird (*vgl. System, Funktion und Rolle, 3. Emotion und Interaktion/3.1. Emotion/3.1.3. Emotionstypen/3.1.3.3. Verachtungsemotionen*)."

(3) Ein (parteiliches) Sinnsystem gibt Regeln für als angemessen zu erachtende Handlungen und Reaktionen von Parteimitgliedern und deren Bindungen untereinander vor, und Regeln zur Bildung formeller und informeller Hierarchien (System, Funktion und Rolle, Kislinger 2001, S 63):

"Die Mitglieder einer Interaktionsgruppe stehen dagegen durch direkte Bindungen in einem Zusammenhang wechselseitiger Interdependenz, so dass Veränderungen bei einem Mitglied hinsichtlich seiner Merkmale und Handlungen Veränderungen bei anderen Mitgliedern auslösen. Es versteht sich von selbst, dass Gruppen in diesem Sinne überall dort gebildet werden, wo das soziale System eine Struktur von Tätigkeiten aufweist, ob diese nun formal organisiert sind oder nicht. Gruppen zeigen große Unterschiede darin, inwiefern sie 'Mitgliedschaft' eindeutig bestimmen und ihr Bedeutung zumessen. Man sollte hier immer berücksichtigen, dass der individuelle Aktor an der jeweiligen Gruppe nicht in seiner Gesamtheit, sondern nur mit einem 'Ausschnitt' seiner Gesamtpersönlichkeit teilnimmt (Parsons 1986, 224f; *vgl. System, Funktion und Rolle, 2. Entität und Lebenswelt/2.2. Gruppen/2.2.6. Das Sozial Kräftefeld/2.2.6.2. Soziale Bande zwischen den Akteuren*)."

(4) Beim Wechselspiel der Koalitionspartner (zweier unterschiedlicher, institutionalisierter Gruppierungen) lässt sich das Modell der Gruppenentwicklung von Weick (1985) anführen (System, Funktion und Rolle, Kislinger 2001, S 59, 60). Die Bildung einer gemeinsamen Struktur muss dabei aber weit *vor* einer gemeinsamen Koaltionsregierung angesetzt werden:

"Wenn sich eine Struktur zu bilden beginnt, stimmen die Mitglieder zuerst bezüglich gemeinsamer Mittel überein, nicht bezüglich gemeinsamer Ziele. In den Frühstadien der Entstehung ist es nicht wesentlich, über die Ziele einig zu sein, um gegenseitige Abhängigkeit herzustellen. Statt dessen betrifft das grundlegende Einverständnis Interdependenz als ein Mittel zur Verfolgung von Zielen, die nicht gleich sein müssen. Man sollte sich erinnern, daß eine grundlegende Eigenschaft reziproker Aktionen darin besteht, daß ein Mitglied eine Tätigkeit ausführt, die für die andere Person von Wert ist; im Gegenzug erhält das Mitglied eine wertvolle Tätigkeit zurück. Es liegt keine unmittelbare Notwendigkeit für ein gemeinsames Ziel vor. Statt dessen liegt eine

Verpflichtung zur Verfolgung verschiedenartiger Ziele mit dem gemeinsamen Mittel kollektiv strukturierten Verhaltens vor (s.o. 133f, Abb. 1)".

Abb. 1: Ein Modell der Gruppenentwicklung (Weick 1985, 133; *vgl. System, Funktion und Rolle, 2. Entität und Lebenswelt/2.2. Gruppen/2.2.5. Die Entstehung einer Struktur/2.2.5.2. Dynamik von Akteuren*).

(5) Das Seufzen des *Wolfgang Schüssel* gegen Ende des Gesprächs als ein Zeichen der Erleichterung zeigt, welche emotionale Bedeutung politische Abstimmungsprozesse für einzelne Personen oder Gruppen haben (als eine Möglichkeit). Die Interaktions-Prozess-Analyse von Bales (1950, 257f) stellt diesen Sachverhalt dar, er unterscheidet zwei Dimensionen von Gruppenverhalten, eine "Aufgaben-" und eine "Sozio-emotionale Orientierung" (System, Funktion und Rolle, Kislinger 2001, S 99):

Dabei umfaßt die Dimension 'Aufgabenorientierung' die drei Bereiche (*vgl. System, Funktion und Rolle, 3.2. Interaktion/3.2.5. Drei unterschiedliche Sichten von Interaktion/3.2.5.1. Zielbezogene Abstimmung Beteiligter*):

- Orientierung (Finden einer gemeinsamen Definition der Situation),
- Evaluation (Entwicklung eines gemeinsamen Weges, um alternative Methoden zu evaluieren),

- Kontrolle (Bemühungen der Gruppenmitglieder, einander zu beeinflussen)

Die sozio-emotionale Dimension hingegen umfasst:

- Entscheidung (Prozeß zum Lösen der Aufgaben durch Übereinstimmung oder Nicht-Übereinstimmung),
- Spannungsreduktion (Ausdruck von Spannung und deren Behebung),
- Integration (Zusammenhalt der Gruppe durch Solidarität und Antagonismus).

Eine zweite Möglichkeit wäre, dass Wolfgang Schüssel eine authentisch dargestellte Betroffenheit geschickt einsetzt, um Zuseher auf einer emotionalen Ebene persönlich anzusprechen und zu erreichen.

(6) Das erfolgreiche Beenden von Interaktionssequenzen entscheidet über eine wahrnehmbare Stärke und Überlegenheit. (Ist es das, was die Zuseher sehen wollen, was sie anzieht und fasziniert, was zu hohen Einschaltquoten und bei Wahldiskussionen zu Kompetenzzuschreibungen führt?).

Im vorliegenden Gespräch setzt nach dem Thema über das Verschulden der von *Wolfgang Schüssel* veranlassten Neuwahl ein anderes Thema ein, die letzte Bemerkung dazu wird von *Wolfgang Schüssel* gemacht (siehe die oben angeführten Textsequenzen). Interaktionssequenzen lassen sich zwar beliebig unterteilen, das Thema dieser Sequenz hat aber - entsprechend der durch die Printmedien und Fernsehen kolportierten Informationen - *vor* diesem Gespräch begonnen, und konnte vor laufender Kamera beendet werden.

Goffman (1974) beschreibt den letzten Schritt eines Austausches als "Einbahnhieb" (System, Funktion und Rolle, Kislinger, 2001, S 94):

"Einbahnhiebe (die sogenannten 'Seitenhiebe'): Dabei gibt es zwei verschiedene Spielarten. Erstens, ist ein Zug der antizipierbar letzte Schritt eines Austauschs, so besteht für den ihn Vollziehenden die Möglichkeit, diese Gelegenheit strategisch auszunutzen, um Bemerkungen zu machen, die ihn in einem guten Licht und/oder den anderen in einem schlechten Licht erscheinen lassen, wobei davon ausgegangen wird, dass die Struktur der Sequenz das Opfer an einer Erwiderung hindert (Goffman 1974, 238f; *vgl. System, Funktion und Rolle, 3. Emotion und Interaktion/3.2. Interaktion/3.2.4. Sinnlichkeit der Phänomene/3.2.4.2. Interaktionssequenzen*)."

TEIL B

Gespräch von Dr. Alfred Gusenbauer (Klubobmann der SPÖ) und Prof. Dr. Alexander Van der Bellen (Klubobmann der GRÜNEN)

Thema: Werteübereinstimmung?

Zentrale Themen der SPÖ und den GRÜNEN bei einer möglichen Koalition nach den Nationalratswahlen

Ich zitiere Ausschnitte aus der Wahldiskussion am Donnerstag, den 7. November 2002 im ORF 2 (22 Uhr 30 bis 23 Uhr 35):

Der Moderator **Elmar Oberhauser** zu **Alfred Gusenbauer**:

> "Wie fix ist denn eine rot-grüne Regierung nach dem 24. November, wenn sich´s rechnerisch ausgeht?"

Alfred Gusenbauer zu Alexander Van der Bellen :

> "Ja, Herr Oberhauser mir geht es um den Neuanfang, dafür ist die FPÖ nicht geeignet, die hat *für das Chaos in der letzten Regierung gesorgt*[4] und ich hab immer gesagt, unser Ziel ist stärkste Partei zu werden und danach werden wir Verhandlungen mit den GRÜNEN als auch mit der ÖVP führen über eine zukünftige österreichische Regierung[5]...ich hoffe, wir reden heute über Fragen, die die Österreicher ganz massiv betreffen...wenn sie mich fragen es steht fifty fifty..."

Elmar Oberhauser zu Alexander Van der Bellen:

> "Herr Dr. Van der Bellen wie wahrscheinlich halten Sie´s, denn dass der Bräutigam irgendwann im November kommen wird und um die Hand der Braut anhalten wird...die Braut sind Sie?"

Alexander Van der Bellen zu Alfred Gusenbauer:

> "...Mhh...also noch bin ich ein Mann...schwer zu sagen, wirklich. Also wenn ich mir das jetzt angehört hab´, Verhandlungen mit der ÖVP

---

[4] In der Rolle der Oppositionspartei ist so eine Bewertung uneingeschränkt möglich. Der regierenden Partei ist es jedoch in Abhängigkeit vom Koalitionspartner unmöglich, selbst wenn es der eigenen Überzeugung entspräche, diese offensiv nach außen zu vertreten.

[5] Es scheint in der Opposition schwierig, die praktischen Handlungs- und Realitätsvorgaben mental präsent zu halten oder gar - sie akzeptierend - von diesen auszugehen. Alfred Gusenbauer lässt sich von der Einstiegsfrage aus zu sehr auf eine zwar erwünschte, aber nicht reale Situation ein.

und den GRÜNEN, in dieser Reihenfolge, Parallelverhandlungen, Herr Dr. Gusenbauer, haben wir aber gar nicht gern erstens, zweitens fifty fifty Einschätzung, ich habe mir die gleiche Frage gestellt, Herr Oberhauser, ja und mir ist folgendes dann aufgefallen, bei der Überlegung, auch im Vergleich zu unseren eigenen Einschätzungen und Spekulationen über diese Koalitionsfrage, das hat mit den Inhalten zu tun, die sie erwähnt haben, ich habe folgendes in Erinnerung: die GRÜNEN treten für die *Abschaffung der Ambulanzgebühr* ein, Sie auch, die GRÜNEN treten für die *Abschaffung der Studiengebühren* ein, Sie auch, die GRÜNEN sind *gegen einen Ankauf teurer* Kampfjets, *Abfängjäger*, Sie auch, ich habe noch die Plakate in Erinnerung, jetzt frage ich mich, Sie glauben im Ernst, dass Sie allein in diesen drei Punkten, und man könnte sicher noch weitere aufzählen, mit der ÖVP einen Konsens finden werden...deswegen bleiben für uns aus heutiger Sicht für uns für den 25. November, der Tag nach der Wahl; realistischer Weise zwei Optionen, *entweder die Koalition mit...den Sozialdemokraten*, wenn die Wählerinnen und Wähler uns entsprechend stark machen, das ist schon klar, ob sich das überhaupt ausgeht, oder die *Oppositionsrolle*, das ist etwas, was wir können, was wir gelernt haben...besteht hier nicht ein *Widerspruch zwischen* den Wahlansagen, *Wahlversprechen...und der Koalitionsansage* denn eins von beiden...müssen Sie aufgeben...oder die Koalition mit der ÖVP ist so wichtig, dass Sie diese Wahlaussagen, Wahlhinweise, wie immer das zu interpretieren ist, nicht halten können, also wie ist das?"

Alfred Gusenbauer:

"...wir haben ein politisches Programm vorgelegt, das bei allen Zugeständnissen, die wir machen, dass wir wissen, dass wir uns nicht alles leisten können, natürlich *auf die Budgetstabilität Rücksicht zu nehmen ist* ganz wesentliche Elemente des Sozialabbaus der vergangen Jahre zu beseitigen sind, dabei gibt es bei uns nicht nur die Frage *der Beseitigung der Ambulanzgebühr und der Studiengebühren*, sondern ganz wesentlich ist, dass die *Beseitigung der Unfallrenten* abgeschafft wird, ...dass wir nicht einsehen, dass auf der einen Seite *die österreichische*

Bevölkerung ganz massiv belastet wird und auf der anderen Seite die derzeitige schwarz-blaue Regierung das Geld für die *Abfangjäger* ausgibt...
...und ob die ÖVP nach der Wahl zu einem solchen Lernschritt bereit ist, das kann ich heute nicht sagen, dass hängt im Wesentlichen an der ÖVP und daher...das Wahlergebnis wird zeigen, welche Möglichkeiten wir haben...und mit den anderen Parteien, den GRÜNEN und der ÖVP können wir uns Verhandlungen vorstellen und welche Schlüsse jede Partei aus dem Wahlergebnis zieht, das muss jede Partei selbst machen..."

Alexander Van der Bellen:

"Die ÖVP-FPÖ Regierung, die derzeitige Mehrheit hat im Sommer dieses Jahres ein Gesetz zur Reform der Universitäten beschlossen, darin ist nicht alles schlecht...die Autonomie der Universitäten am Papier hätte gestärkt werden sollen, die Realität schaut etwas anders aus, jedenfalls das Gesetz ist beschlossen, die Studiengebühren wurden ja schon letztes Jahr beschlossen. Ich halte es für ausgeschlossen, dass die ÖVP jetzt der Abschaffung der Studiengebühren zustimmt und zweitens gemeinsam mit Ihnen oder uns, deswegen sind wir ja davon abgekommen, das überhaupt zu überlegen...die Unterbrechung des Universitätsgesetzes 2002 akzeptiert, ich kann nicht glauben, dass Sie das anders einschätzen, also wenn die ÖVP Option für die SPÖ offen bleibt, dann heißt das, dass alle diese Punkte *Abfangjäger, Ambulanzgebühren, Unfallrentenbesteuerung, Studiengebühren und Unterbrechung der Universitätsreformen* und Neunachdenken über das, dass das sozusagen Verwendungszusagen gegenüber dem Wähler sind, aber nicht wirklich ein Herzstück, würde der Dr. Schüssel sagen, aber nicht wirklich ein Herzstück der SPÖ-Politik."

Alfred Gusenbauer:

"Ich werde nicht akzeptieren, dass man Kernpunkte sozialdemokratischer Politik in den letzten Jahren und heute in Zweifel steht, Sie wis-

sen ganz genau, wir haben uns bemüht, die *Ambulanzgebühr* zu verhindern, die in der Tat den falschen Weg weisen, weil sie ein erster Schritt in die Richtung *zwei-Klassen Medizin* ist, die im übrigen eine Gebühr ist, die bedeutend mehr kostet, als sie an Einnahmen bringt, es uns auch die Frage der *Unfallrenten* ein zentrales Anliegen, weil ich nicht akzeptieren kann, dass diejenigen, die schon Pech mit dem Schicksal gehabt haben, auch von der Politik noch bestraft werden und ebenso haben wir ja....in der Frage der Abfangjäger die klarste Position vertreten...
...weder Sie noch ich können heute voraussagen, wie der *Lernprozess einer ÖVP* aussieht, wenn sie nicht mehr...erste Partei wird und genau davon wird es abhängen, ob es die Möglichkeit einer Zusammenarbeit mit der ÖVP gibt, oder nicht, wie hat der Dr. Schüssel gesagt, es kann sich ja eine Partei selbst aus dem Rennen nehmen."

Alexander Van der Bellen:

"...der nächste Bundeskanzler wird der sein, der eine Mehrheit im Nationalrat hat...selbst dann, wenn die *schwarz-blaue Mehrheit bricht* im Nationalrat, was automatisch bedeutet, dass es im Nationalrat eine grün-rote Mehrheit gibt, die SPÖ aber...leider nur 2. würde, dass Sie dann in Opposition gehen, das macht für mich überhaupt keinen Sinn...
...aus meiner Sicht ist es absolut nicht wurscht [egal], sondern es ist ganz wichtig, dass die blau-schwarze Mehrheit gebrochen wird und wenigstens im Parlament eine andere Mehrheit existiert, ob wir dann...ausreichend Gemeinsames finden in den Verhandlungen, das steht ja eh auf einem ganz anderen Blatt."

Alfred Gusenbauer:

"...es geht darum, was in Österreich gemacht wird und ich bin der Meinung, dass wir einen starken Auftrag der Österreicherinnen und Österreicher brauchen, um eine Erneuerung der Politik in Österreich einzuleiten und die SPÖ als erste Partei wäre natürlich ein klares Vo-

tum *gegen den Sozialabbau, gegen die Zurückdrängung der Arbeitnehmerinteressen*[6] in unserem Land und es geht natürlich auch darum, dass man aus der ersten Position heraus man natürlich gestärkt Verhandlungen mit möglichen Partnern aufnehmen kann...
...ist es nicht uninteressant, wer die stärkste Partei im Land ist, denn wir haben ja jetzt gesehen, solange Österreich die Praxis gehabt hat, dass die erste Partei den Bundeskanzler gestellt hat es stabile Verhältnisse gegeben, zum ersten Mal ist jetzt der Vorsitzende der 3.stärksten Partei Kanzler gewesen und wir haben so instabile Verhältnisse bekommen, dass die Regierung ein Jahr vorher abtreten musste, also ich glaube nicht, dass das eine Empfehlung für die Zukunft ist..."

Alexander Van der Bellen:

"...dass das Gerede darüber irrelevant ist, sieht man schon daran, dass die *SPÖ Erste in diesem Land ist und sie ist die Opposition*, das sagt ja schon alles...
...und wenn wir am 24. entsprechend gewinnen, die FPÖ überholen, beispielsweise, dann werden wir ganz sicher in der kommenden Legislaturperiode eine besondere Rolle spielen, das hat uns ja *Haider* und die FPÖ leider in den vergangenen Jahren, 1986-99 in diesem Wachstumsprozess sehr deutlich vorgeführt, wie eine Oppositionspartei, die nicht in der Regierung ist, die Regierungsparteien sehr wohl

---

[6] Der Nachteil der von Alfred Gusenbauer gewählten Strategie ist, dass er nicht erklärt, wie die von ihm geplanten Maßnahmen, die einen sozialen Zusammenhalt fördern oder wiederherstellen können, finanziert werden sollen. Er könnte versuchen, mit zumindest vorgeschobenem finanzpolitischen Engagement dem in Mode gekommenen Spartrend Abbitte zu leisten. Später weist ihn Alexander Van der Bellen auf diesen Schwachpunkt hin (zumal v.a. deshalb, da der Sparkurs der ÖVP innerhalb der letzten Legislaturperiode bedingt durch den jungen Finanzminister stark an Popularität gewonnen hat, einen Stimmenzugewinn bei der Wahl bescheren könnte). Der Vorteil der SPÖ-Strategie ist, dass die Wähler, die entweder selbst von Kürzungen betroffen sind oder aus sozialdemokratischer Gesinnung derselben Überzeugung sind, erreicht werden können, indem sich Alfred Gusenbauer nicht auf als "finanzpolitisch" präsentierte Argumente und Erwägungen einlässt und mit Hartnäckigkeit signalisiert, unter allen Umständen die soziale Linie umzusetzen.

beeinflussen kann, damals hat ja gerade die SPÖ sehr viele FPÖ-Positionen übernommen, leider."

Alexander Van der Bellen:

"...*die Grünen sind die einzige Partei, die systematisch und strikt die fifty-fifty-Quote Frauen/Männer einhalten bei ihren Funktionen*, also Abgeordnet im Parlament, sieben Frauen, sieben Männer, wir haben alles daran gesetzt zu gewährleisten und es wird gewährleistet sein...exakt die Parität eingehalten wird, die SPÖ tut sich...zunächst nur die vierzig einzuhalten...
...wir haben uns angeschaut, die *Top-Positionen der Krankenkassen, Gebietskrankenkassen und die anderen fünfzehn Kassen*, die von den Sozialpartnern nach wie vor beherrscht werden, Aufsichtsorgan und Direktorenposten, die *Anzahl der Frauen ist dort beklagenswert niedrig, das Verhältnis ist regelmäßig 95% zu 5% oder 90% zu 10%* bestenfalls....beim AMS [Arbeitsmarktservice] ist es das gleiche, obwohl das AMS in seinen Förderprogrammen die Aufgabe hat, Frauen besonders zu fördern, aber in den eigenen Leitungsorganen spielt sich das überhaupt nicht ab..."

Alfred Gusenbauer:

"...ich habe zum ersten Mal in der Geschichte darauf geschaut, dass *die Kandidatenliste der SPÖ für die Nationalratswahl nach dem Prinzip ist gleich viel engagierte Frauen wie engagierte Männer*...das wird dazu führen, dass die Anzahl der Frauen im Club ansteigen wird...wenn die letzten Tage gezeigt haben, dass schwarz-blau in Zukunft eine Koalition gegen die Frauen sein wird, dann möchte ich Teil einer Koalition für die Frauen sein...
...aber was mich krank macht ist, dass immer so getan wird, also sitz´ ma da, wart ma ab, ob die Konjunktur in Amerika vielleicht anspringt

oder nicht, *jeden Tag steigt die Anzahl der Arbeitslosen, und ich will nicht, dass wir nur dasitzen und zuschauen*[7], sondern, dass wir *jene Spielräume, die wir haben, um die Wirtschaft anzukurbeln auch wahrnehmen* und ich glaube, wir können drei Dinge tun: das eine ist, wenn wir entlasten die kleineren Einkommen, dann ist völlig klar, *jemand, der wenig Geld verdient, der tragt das zusätzliche Geld in die Geschäfte und das führt zu mehr Umsätzen und zu mehr Arbeitsplätzen* das zweite ist, die Investitionen gehen in Österreich leider zurück und daher müssen wir zeitlich befristet jene Unternehmungen fördern, die bereit sind, in neue Arbeitsplätze zu investieren...den Investitions-

---

[7] Die Gruppe der Arbeitslosen, Pensionisten (und kleinerer Einkommensbezieher), wird als (zukünftige) Wählerschicht immer größer und daher wichtiger. Trotzdem birgt es ein Risiko, diese Thematik (einer Absicherung des Lebensunterhaltes) zum programmatischen Ziel zu machen, da das wiederentdeckte, öffentlich-medial beworbene Sparvermögen des österreichischen Bürgers diesem Thema zur Zeit wenig Raum lässt. Inwieweit ein derartiges "Sparverlangen" sich gegen Einkommen richtet, die dann (gerade) nicht mehr für die Deckung der Lebenskosten ausreichenden, wäre ein zu untersuchendes, sozialpsychologisch-psychoanalytisches Thema.

Für eine Ideenproduktion:

Es wäre aktuell und angezeigt, zum Thema "Wirtschaftspolitik heute" ein Drehbuch für eine Sendung zu schreiben, das den Zusehern ein mechanisches Einlernen (bezüglich des Informationsgehaltes und des erforderlichen repetitiven Charakters könnte man beim herkömmlichen Aufbau von Nachrichtensendungen Anleihe nehmen) von Größenordnungen ermöglicht (Prozentzahlen, Einkommensgrößen, was bedeuten Kürzungen in welcher Größenordnung bei unteren Einkommen im Vergleich zu höheren Einkommen, etc.). So könnte ein allgemeiner, zum Beispiel bei Wahlen unerlässlicher Mindeststandard, die Kenntnisse der Bürger über wirtschaftliche Zusammenhänge betreffend, erreicht werden. Eine derartig gestaltete Sendung würde bei den Zusehern nicht mehr als die Mathematik-Kenntnisse von Volks- oder Grundschule voraussetzen.

Für eine kleine Partei wie die Grünen könnte so eine Sendung eine notwendige marketingstrategische Maßnahme darstellen, mit dem Ziel, über die Gruppe der Intellektuellen hinaus an andere Wählerschichten heranzukommen. Aber auch für die SPÖ wäre das eine denkbare Möglichkeit, um das durchschnittliche Wissen der Österreicher über Einkommensunterschiede, staatsfinanzielle Aufkommensgrößen in unterschiedlichen Bereichen, etc. zu steigern. Das könnte eine wissensbasierte Voraussetzung für sozialdemokratische Anliegen, wie den Kampf gegen den Sozialabbau, herstellen und erschaffen.

beitrag wieder einführen und wir haben natürlich die nachhaltigen Faktoren für den Reichtum unseres Landes zu stärken, natürlich Infrastruktur in der Gesamtdimension plus Forschung und Entwicklung... ...dass wir den Wettbewerb antreten mit jenen entwickelten Volkswirtschaften Europas, die einen positiven Strukturwandel geschaffen haben und wirtschaftliche Modernisierung mit sozialem Zusammenhalt verknüpft haben..."

Alexander Van der Bellen:

"Das wird sich aber so nur sehr schwer ausgehen...*1500-2000 Euro sind ein sehr kleines Einkommen...gehören entlastet* nicht nur aus konjunkturellen Gründen...wieviel können wir uns budgetär leisten und wieviel muss dann noch um 1, 2 Jahre verschoben werden... 3 Milliarden Euro [laut SPÖ-Programm], die sofort eingesetzt werden sollen und...*diese 3 Milliarden Euro würden das Defizit erhöhen*, weil da gibt es keine Gegenfinanzierung, das betrifft die Steuersenkung an sich wie die befristete Investitionsförderung...3 Milliarden Euro sind...sind 1 1/2 % des Sozialprodukts, vielleicht 1,4 % des BIP und wir müssen ja leider damit rechnen, dass Finanzminister Grasser uns für heuer schon ein Budgetdefizit von rund 2% des BIP hinterlässt[8]...da sind wir aber schon über der Grenze des Stabilitätspaktes dummerweise, wie Sie wahrscheinlich wissen, war ich aus wirtschaftlichen Gründen gegen den Stabilitätspakt..."

---

[8] Die Aussagen von Alexander Van der Bellen dokumentieren - und das simultan - Sachkompetenz. Die in der klassischen Selbstdarstellung von Politikern üblichen "Ich-will-an-die-Macht/Ich-habe-die-Macht-Signale" und ein nur kurzes Andeuten von Sachkompetenz als Zeichen von "Und daher kann ich für Euch das Beste herausholen" fehlen gänzlich.

(Beziehungs-)ANALYSE:

Die unübersehbare "Einstiegsgeste" von Alexander Van der Bellen *(zwei Mal links und rechts mit beiden Händen gleichzeitig kräftig-ruckartiges Straffen seines Sakkos in Höhe der Mitte der Knöpfe auf der rechten Seite bzw. Knopflochreihen auf der linken Seite, daraufhin Boxer-artiges Vorschnellen beider Hände mit entspannten, nach vorne gerichteten Händen)* kann mit einem "wir reißen uns zusammen" und "mit geeinten Kräften vor" übersetzt werden.

Die zur Schau getragene Ruhe und Feierlichkeit des SPÖ-Klubobmanns und des Klubobmanns der GRÜNEN provoziert die Zuseher, als Ihnen damit mitgeteilt wird, dass die "schlechten Vorarbeiten" der bisherigen Regierung und die nach außen getragenen innerparteiliche Hackordnung der FPÖ genügten, um durch den Wähler das Ruder wieder in die Hand zu bekommen.

Dieser Siegerpose, die sich u. a. auf die schlechten Umfrageergebnisse der FPÖ stützt, steht die Geste von Van der Bellen gegenüber, der körpersprachlich mitteilt: "Na, dann gehen wir mal, wir müssen ja jetzt."

Inhaltlich wesentlich differenzierter als die Gesprächspartner in Teil A, aber fast ausschließlich auf innenpolitischem Niveau, behandeln beide - in Hinsicht auf eine mögliche Koalition - sehr kooperativ die dringlichen Themenbereiche, *Bildung/Universitätsreform* (Lehrlingsausbildung/Universität: Dienstrecht, Studiengebühr, Ausbau der Universität), *Frauen* (Kindergeld, Teilzeitarbeit für Frauen wie Männer, Pensionsansprüche, Quoten), (der grüne Kurs: Anti-) *AKW* (Temelin,

Mohovce, Bohunice, usw.), *Arbeitslosigkeit, Verwaltungsreform* (Vermeidung von Doppelgleisigkeiten in Bund und Ländern würde eine ausgabenseitige Sanierung des Staatsbudgets ermöglichen, von der SPÖ wird eine Reform in größerem Stil vorgeschlagen), Stellenbesetzung (GRÜNE: tiefsitzender Proporz verhindert Stellenbesetzung nach Qualifikation) und Sportministerium (SPÖ: mit Wirtschaftsressort verknüpft, Überschneidungen von Tourismus, Wirtschaft und Sport).

Bei den Gesprächspartnern in Teil A kommen innenpolitische Themenbereiche, aufgrund der Ausführungen beider Politiker zum "Kooperationsgerangel" der letzten Monate, nicht zu Wort, in diesem Teil fällt der diskutierten Frage der jeweiligen Haltung zueinander die Aussenpolitik zum Opfer. Ein Drittel bis zu einer Hälfte der gesamten Gesprächsdauer wird zur Klärung der Koordinierungsverhältnisse benötigt, Ausführungen zu parteiprogrammatischen Zielen werden um diese Zeitspanne kürzer.

Gemäß einer Bemerkung des Moderators *Elmar Oberhauser*, die das Gesprächsverhalten von *Van der Bellen* beschreibt und interpretiert, "Der Professor bettelt ja regelrecht" (*Profil,* 11. 11. 2002, S 36) wird auch weiter in diesem Profil-Beitrag konstatiert, dass sich "Van der Bellen beim Umworbenen eine Abfuhr holte" (s.o.).

REFERENZPUNKTE:

(1) Das Anbahnungsverhalten in zwischenparteilichen Beziehungen ist - je nach Form - mit dem Verhalten in privat-persönlichen Beziehungen von Einzelpersonen vergleichbar (System, Funktion und Rolle, Kislinger 2001, S 95):

> "(a) Rituale
> Interpersonelle Rituale sind ihrem Wesen nach Beziehungszeichen, denn sie geben stets Zeugnis von einer Beziehung. Das liegt auf der Hand bei positiven bestätigenden Riten, die einen direkten Hinweis auf die Bezeichnung der Beziehung involvieren können; und es gilt nicht weniger offensichtlich in Bezug auf negative oder Vermeidungsrituale. Wo immer zwei Personen in physische Nähe zueinander kommen, erlaubt ihre Handhabung des Zusammenkommens eine Deutung ihrer Beziehung (Goffman, 1971, 269f; *vgl. System, Funktion und Rolle, 3.2. Interaktion/3.2.4. Sinnlichkeit der Phänomene/3.2.4.3. Funktionstypen/(a)Rituale*)."

(2) Gespräche umfassen immer "Rollendistanz" und "Empathie" als gegensätzliche, diametral gegenüberliegende Polarität (System, Funktion und Rolle, Kislinger 2001, S 79):

> "Rollendistanz und Empathie sind Fähigkeiten, die dem Individuum helfen, neue und zur aktuellen Situation im Widerspruch stehende Daten und Mitteilungen wahrzunehmen und selber zum Ausdruck zu bringen. Sie stellen daher für das Individuum auch eine Belastung dar, denn sie konfrontieren es mit Erwartungen, die den seinen widersprechen und in sich widersprüchlich sein können. Diese Inkongruenzen treten bereits in den Interaktionen zwischen zwei Partnern auf, da sich bei dem üblichen Normenkonsens die gegenseitigen Erwartungen von Interaktionspartnern im Regelfall nicht decken. Die Diskrepanz ist nicht nur auf der kognitiven Ebene zu diagnostizieren: Aufgrund der

Notwendigkeit, sich in den gegenseitigen Erwartungen aufeinander einzustellen, um sich zu verständigen und einen vorläufigen 'working consensus' zu erreichen, ist damit zu rechnen, daß unter den ausgehandelten Bedingungen die Interaktion nicht mehr in vollem Maße den Bedürfnissen der Partner entspricht und sie daher teilweise unbefriedigt läßt. Jedes interagierende Individuum ist folglich gezwungen, neben der Befriedigung, die ihm eine Interaktion gewährt, ein gewisses Maß an auftretender und durch eben diese Interaktion erzeugt Unbefriedigtheit zu ertragen (Krappmann 1988, 151)."
Das Individuum muß sich also mit Divergenzen und Inkompatibilitäten abfinden. Sie kennzeichnen nicht nur den Rollenkonflikt, sondern sind Bestandteile jeglicher Interaktionsbeziehung. Merton und Barber (1963, 103) haben diesen Sachverhalt mit dem Begriff der 'soziologischen Ambivalenz' zu fassen versucht:
"From the perspective of sociological ambivalence, we see a social role as a dynamic organisation of norms and counternorms, not as a combination of dominant attributes" (*vgl. System, Funktion und Rolle, 1. Rolle und Performanz/1.2. Charakter, Identität und Rolle/1.2.4. Rolle/1.2.4.3. Ambiguitätstoleranz und persönliche Positionierung*)."

(3) Gemäß den von der SPÖ in dieser Konfrontation geäußerten Angaben hängt die Entscheidung, mit einer bestimmten Partei eine Koalition einzugehen, von einem mit dem eigenen Wahlprogramm als vereinbar angesehenen Programm des potentiellen Koalitionspartners wie von einer erwarteten Verteilung von Mehrheiten im Parlament nach den Wahlen. *Van der Bellen* skizziert die Möglichkeiten und Folgen der Entscheidungen der SPÖ für die Verhältnisse im Parlament. Vergleichend zu diesem Beispiel lässt sich Baecker (1988) zitieren, der Merkmale und Folgen von Entscheidungen allgemein und grundlegend beschreibt (System, Funktion und Rolle, Kislinger 2001, S 163):

> " ...dass Entscheidungen ihrerseits Ursache eines Risikos sein können. Ein Risiko entsteht ja erst daraus, daß man sich entscheidet und dann den Folgen der Entscheidung ausgeliefert ist, ohne anders als mit neuen Entscheidungen reagieren zu können. Auch das Verhältnis von Risiko und Entscheidung ist demnach zirkulär zu definieren.
> Entscheidungen reagieren auf (eigene und/oder fremde) Erwartungen; Erwartungen bestimmen sich in der Differenz zu Informationen, die als Risiko interpretiert wird: Wenn diese Vermutungen zutreffen, wird man Entscheidungen als explizite Übernahme von Risiken verstehen können. Entscheidungen 'zielen' auf die Differenz von Erwartungen und Informationen. Sie reagieren informiert auf Erwartungen und riskieren, daß die Informationen nicht richtig, sondern falsch sind oder werden, und daß die Erwartungen enttäuscht werden...Entscheidungen sind weder richtig noch falsch, sie sind riskant (Baecker 1988, 131; *vgl. System, Funktion und Rolle, 5. Handlung und Prozess/5.6. Anatomie der Handlung/5.6.3. Entscheidung und Risiko*)."

(4) Für Parsons (1972) ist struktureller Wandel durch drei Stufen, Phasen und Prozesse beschreibbar (als Beispiel eines strukturellen Wandels wäre die geplante Entlastung niedrigerer Einkommensklassen anzuführen, im vorliegenden Gesprächsausschnitt erwähnt als dringend notwendiger, nächster Schritt einer Steuerreform): Standardhebung durch Anpassung, Einbeziehung und Wertverallgemeinerung (System, Funktion und Rolle, Kislinger 2001, S 165):

> "Standardhebung durch Anpassung ist der Prozeß, durch den ein größeres Spektrum von Hilfsmitteln sozialen Einheiten verfügbar gemacht wird, so daß ihr Funktionieren von einigen, insbesondere sozialen Beschränkungen, denen ihre Vorgänger unterlagen, befreit werden kann...
> Aus der erhöhten Komplexität eines Systems, das einen Standardhebungsprozeß durchmacht, ergeben sich notwendigerweise Integrationsprobleme. Im allgemeinen können diese nur durch die Einbeziehung neuer Einheiten, Strukturen und Mechanismen innerhalb des

normativen Rahmens der gesellschaftlichen Gemeinschaft gelöst werden...

Schließlich müssen die obigen Prozesse durch eine Wertverallgemeinerung vervollständigt werden, wenn die verschiedenen Einheiten in der Gesellschaft angemessene Legitimation und Orientierungsweisen für ihre neuen Handlungsmuster erlangen sollen (Parsons 1972, 40f; *vgl. System, Funktion und Rolle, 5. Handlung und Prozess/5.7. Veränderung und Wandel*)."

TEIL C

Die Zuseher

Thema:

Was den Zusehern bei Fernsehdarstellungen
überlassen bleibt

I. Politikerdarstellung

Bei Politikerauftritten ist der Rahmen der gewählten Darstellung für die Zuseher vorgegeben und dieser bestimmt damit die selbstverständlich und unausgesprochen zur Wirkung kommende Form:

1. Regieren heißt in der üblichen Form wiedergegebener Politikerinterviews "reagieren und nicht differenzieren": Die den politischen Entscheidungen vorausgegangenen Auseinandersetzungen, die zu Differenzierungen oder Neubewertungen führen, werden kaum dokumentiert, ausführlich(er) die Entscheidungsergebnisse.
2. Es geht um die Darstellung des Spiels der Kräfte, die bei diesem Spiel gegeneinander antreten, auf Kosten von Informationen über Möglichkeiten, Alternativen, Hintergründe und deren Auswirkungen.
3. Inhalte wie Personen werden vorgestellt, es werden aber keine Aussagen darüber gemacht wie und warum diese Inhalte oder Personen die ausgewählten Inhalte oder Akteure sind.
4. Der Platz auf der medialen (politischen) Bühne ist begrenzt wie es auch der Umfang ist. Vor allem ist die Kapazität, widersprechende Inhalte darzustellen, begrenzt. Im Gegensatz zu Streubreite und genereller Wirksamkeit unterscheidet das das Medium Fernsehen nicht von anderen ("Informations-)Institutionen".
5. Die Frage ist, was über die Existenz von Personen oder Inhalten, die im Fernsehen und anderen Medien nicht dargestellt werden, ausgesagt wird.

6. Einschaltquoten zeigen die Qualität von Fernsehsendungen an, sie fungieren als zentrales Rückmeldekriterium der Zuseher. Es fehlen die Möglichkeiten, zum Beispiel in Form einer eigenen Fernsehsendung, themenbezogen und zeitlich zwischengelagert reagieren zu können und zu Wort zu kommen. In diesem Punkt ist die Politik dem Fernsehmedium ähnlich: Die ultimative Rückmeldung ist die Anzahl der Wählerstimmen.

II. Gewählte Mittel und Inhalte - Eine Gegenüberstellung

In Fernsehübertragungen rezipierte Themen sozialwissenschaftlich aufzugreifen und zu bearbeiten kann bedeuten, einer spannungserzeugenden, unmittelbaren Darstellung der zugrundegelegten Unverwechselbarkeit des Moments zu berauben. Aus Sicht der Wissenschaft könnten die täglich neuartigen Ereigniskonstellationen einem größeren Zusammenhang heraus als eine aus weniger Ereignissen herleit- und erschließbare Menge, in nicht dramatischer Form dargestellt werden.

Wissenschaftliche Regeln und Ansprüche auf Fernsehen zu übertragen könnte bedeuten, dass Programme oder Kanäle über Modalitäten und Methoden verfügen, Ereignisse und Hintergründe differenziert, tiefgehend, kontextbezogen und weiterführend informationsgenerierend darzustellen. Darüber hinaus könnten Erklärungsansätze und -modelle für eine Aufbereitung unterschiedlicher situativer Logiken sämtlichen Zusehern über das Medium Fernsehen zugänglich gemacht werden.

Fernsehübertragungen politikrelevanten Geschehens bedeutet oftmals für die Wiedergabe wissenschaftlicher Perspektiven, hergestellt durch spannungserzeugende und spannungsgeladene Darstellung (zum Beispiel durch Befragungen von Wissenschaftlern mit kurzer Antwortsequenz), dass diese ihre Aussagekraft verlieren. Deren Botschaften werden dabei verkürzt und entstellt und die bei den Zusehern für abstrakte Inhalte nötige Aufmerksamkeit wird durch die ausgelöste Emotionen beeinträchtigt.

Überträgt man andrerseits die Prinzipien, die Fernsehdarstellungen in der jeweilig eingesetzten dramatischen Form ausmachen, auf die Wissenschaft, so zeigt sich die Lückenhaftigkeit der Domänen der für diesen Themenbereich bedeutsamen Wissenschaften: Die unmittelbare Darstellung, die bei den Zusehern ausgelösten Gefühle, und andere Faktoren, die bei einer Übertragung von Fernsehauftritten und deren Rezeption eine Rolle spielen, werden gar nicht, oder nicht in der Unmittelbarkeit und Synchronizität der Ereignisse angemessenen Ausdrucksmodalität und Sprache dargestellt. Überspitzt gesagt, fehlen den dort abgebildeten Theorien und Diskussionen dadurch ein großer Teil medien- und politikrelevanter Vorgänge.

III. Implikationen für die Zuseher

Für die Zuseher müssten - aus einer inhaltlichen, analytischen und wissenschaftlichen Sicht - die eingesetzten Mittel und Inhalte es ermöglichen, die medial dargestellten Ereignisse in für sie selbst bedeutungsrelevante Informationen zu transformieren. Dabei können dann der eigenen Erfahrungswelt entsprechende Relationen aufgebaut und gebildet werden.

Das bedeutet, dass eine Theorienbildung über Zustände und Vorgänge, die der medialen Öffentlichkeit nicht zugänglich gemacht werden, nicht mehr nur ständig durch die Zuseher selbst erbracht werden (müsste).

Die Theoriebildung bezieht sich auf:

- das Kolportieren von nicht überprüfbarer Realität
- die Nutznießer dargestellter Ereignisse und Informationen
- die schwierig nachzuweisenden Vorteile, die für die Wähler durch ihre Wahl entstehen
- die Wirksamkeit von Inhalten, die als die Meinung einer Mehrheit präsentiert werden
- die Wirksamkeit von Erstinformationen über Ereignisse und Sachverhalte, die andere Möglichkeiten, im Moment der Wahrnehmung, kaum als existent, denk-, erleb- und nachvollziehbar machen
- die Bedeutung und Notwendigkeit eingeschränkter Wahrnehmung in Politik und Gesellschaft

.

.

IV. Politikdarstellung: Das Nicht-Dargestellte

Um "an einem Ende" der unbegrenzten Möglichkeiten einer Thematisierung des Nicht-Dargestellten oder des Zu-wenig-Dargestellten durch die Medien, die Sozialwissenschaften, etc. anzusetzen, formuliere ich Fragen, deren Beantwortung Ansätze informatorischer Politikdarstellung und -rezeption aufzeigen und andeuten sollen:

Zusätzlich zu einer seperaten Honorierung eines Fernsehauftritts, lässt sich das Einkommen der Politiker bei für deren Fernsehauftritte aus ihrem Gehalt errechnen und wie hoch wäre dieser?

Wie hoch ist der Anteil des Politikergehaltes am bezahlten Steueraufkommen oder umgekehrt gefragt, wieviel Prozent der bezahlten Steuern kommen dem Politiker zu?

Wie hoch ist das Aufkommen der Steuerzahler an den verwendeten Werbemitteln einer Partei?

Denken die Zuseher, dass bei den Wahlkonfrontationen der Gegenstand der Diskussion Themen sind, die das Land und die in diesem Land (wahlberechtigt) lebende Bevölkerung mehrheitlich grundlegend betreffen (weil sie in diesen kurzen Gesprächen behandelt werden)?

Wen, glauben die Zuseher, sprechen die Politiker in Wahldiskussionen an und warum?

Aufgrund welchen Kenntnisstandes wählen die Bürger und inwieweit stimmt dieser Kenntnisstand mit den gegebenen Sach- und Machtverhältnissen nachweisbar nicht überein?

Aufgrund welchen Kenntnisstandes treffen Politiker Entscheidungen?

Die meisten Berufsrichtungen haben genau geregelte Ausbildungswege mit nachweisbaren Befähigungen und Befugnissen. Welche Faktoren bestimmen die berufliche Laufbahn von Politikern, inwieweit wäre eine politische Leistungsbefähigung nachweis- und überprüfbar? Was ist die Leistung, die Politiker erbringen müssen?

Glauben die Zuseher, dass die Leistung und Qualität, die sie selbst erbringen müssen, vergleichbar ist mit den von Politikern erwarteten Leistung?

Was sind die Bestimmungsgründe für die vom jeweiligen Fernsehen gewählte Variationsbreite bei der Art und Weise, in der alltägliche Ereignisse berichtet werden?

Auf wieviele Arten ließe sich, laut Meinung der Zuseher, ein und dieselbe Geschichte berichten, darstellen und erzählen?

Warum, denken die Zuseher, werden solche Fragen nicht in der alltäglich medialen Öffentlichkeit diskutiert und die Kenntnisse der Zuseher damit gepflegt und ausgebaut?

.

.

Diese Fragen müssten leichter und in einem höheren Ausmaß beantwortbar sein als vergleichsweise innerhalb des Abhängigkeitsverhältnisses von Arbeitgebern und Arbeitnehmern bei ähnlichen Fragen, die dort auch zu stellen wären. Zwischen Politikern und Wählern besteht eine weit weniger direkte und unmittelbare Abhängigkeit.

Das wären die Fragen, mit denen im Hinterkopf Sendungen angesehen (oder nicht mehr angesehen) werden könnten: Mit realitätsbezogenen Informationen über die Zusammenhänge der von politischen Sprechern präsentierten Inhalte.

V. Die Zuseher

Entsprechend noch zu definierender inhaltlicher Mindestkriterien - am Beispiel der Präsentationen politischer Sachverhalte, Politik- und Politikerdarstellungen - wäre fraglich, welches Niveau dem Fernsehen derzeit bezüglich einer situationsangemessenen, differenzierten und kontextsensitiven Aufbereitung und Ausgestaltung von Informationen und deren Übermittlung zugeordnet werden könnte. Einige Zuseher wissen, vor allem bei den unterschiedlichen Formen einer Berichterstattung im politischen Zusammenhang, ihre durch Schule, Ausbildung und Universität geformten Qualitätsansprüche kaum oder gar nicht gewahrt. Dazu als Beispiel die Aussage eines Zusehers:

> "Das Berichten über politisch relevante Ereignisse, die dabei vorgenommene Auswahl und die gewählte Darstellungsform könnte als die Wiederkehr des ewig Gleichen bezeichnet werden. Oder man wartet das Einsetzen eines erhofften intelligenz- und informationserzeugenden Effektes ab (Warten auf Godot?).
>
> Vielleicht stellt sich dieser Effekt ja von selbst ein, wie bei manchen Zuseher bei der Sendung "Columbo" nach der rezipierten 101. Folge, bei welcher dann endlich doch noch ein "Das kenn´ ich schon" einsetzt und der Fernseher ausgeschaltet bleibt.
>
> *Statt einer Bereitstellung von für das Verständnis von Ereignisabläufen essentieller Informationen werden, am Beispiel von Wahldiskussionen, Personen dargestellt, die miteinander alltagsähnliche Gespräche führen.* - Und der Bürger konsumiert das Ihm Vorgesetzte, nachdem er reflexartig den Schalter seines Fernsehers betätigt hat.
>
> Die strengen inhaltlichen Kriterien (und die Kriterien, die auf eine substantielle Ausgewogenheit abzielen), die an den Schulen, Ausbildungsstätten gelehrt und in der Lehre an den Universitäten vorausgesetzt werden und dort ganz selbstverständlich und nicht hinterfragt

angewandt werden, zeigen andernorts keinen Effekt. Ebensowenig wie die darstellerischen Kriterien ausserhalb des Theaters, Films, Fernsehens und der Politik keine direkte Anwendung finden.

Die in höchstem Ausmaß und vielerorts ausgebildete und gelehrte inhaltliche Differenzierung wird bei zentralen gesellschaftlichen Aufgabenfeldern nur rudimentär eingesetzt. Von Informationen über alltägliche Ereignisse, ohne zusätzlichen Ausführungen über den Hintergrund, gibt es zuviel, von Information über Voraussetzungen, Implikationen und Folgen von Ereignissen gibt es zu wenig Angebot, die Variationsbreite der Erzähl- und Darstellungsarten sind aus einer inhaltlichen Sicht gering, obwohl sie im Zunehmen begriffen sind. Differenzierung scheint nur zu einem gewissen Ausmaß mit dem Management zentraler Instutitionen, Parteien und anderer Einrichtungen und mit dem Management der Interessen vereinbar zu sein, die den Zusehern zugeschriebenen werden (Kislinger, 11. Dezember 2002, 16 Uhr 25)."

TEIL D

Gespräch von Dr. Wolfgang Schüssel (Kanzler und Klubobmann der ÖVP) und Dr. Alfred Gusenbauer (Klubobmann, SPÖ)

Thema: Opposition?

Bewertung der letzten Legislaturperiode durch die ÖVP und die SPÖ

Ich zitiere Ausschnitte aus der Wahldiskussion am Donnerstag, den 14. November 2002 im ORF 2 (20 Uhr 15 bis 21 Uhr 20):

Wolfgang Schüssel zu Alfred Gusenbauer:

> "...damit sind wir ein erstklassiges Team und ich selber war 15 Jahre lang immer der *Ansprechpartner für die mittelständische Wirtschaft* und die Stimme von 250 000 Klein- und Mittelbetrieben und ihrer Mitarbeiter, während bei SPÖ-Chef Gusenbauer bisher kein einziger im Team ist, dem Wirtschaftskompetenz in dieser Art und Weise zutraut...[9]
> ...mir ist wichtig, dass wir ein Zeichen der Kontinuität setzen, dass ein Kurs, der begonnen wurde, der zum ersten Mal nach 30 Jahren *in einem guten Wirtschaftsjahr 2001 erstmals keine neuen Schulden mehr gemacht hat*...weitergeführt wird, denn er hat uns die Garantie gegeben, in einem schwierigen Jahr wie heuer, Flutkatastrophe, die drei Bundesländer schwerst verwüstet hat und Konjunktureinbruch vor allem durch Deutschland bedingt, dass wir hier gegensteuern können und damit manche Wirkung, die Deutschland massiv spürt bei uns mindern..."

Der Moderator **Elmar Oberhauser** zu Alfred Gusenbauer:

> "Herr Dr. Gusenbauer, Sie haben in dieser Frage noch nicht klar Stellung bezogen, wäre ein *Finanzminister Grasser* für Sie ein in einer wie auch immer zusammengesetzten großen Koalition denkbar?"

---

[9] Zum Unterschied zur vorigen Konfrontation wird erst sehr spät von "uns" und erst darauffolgend von den jeweiligen Parteien gesprochen. Wolfgang Schüssel demonstriert seine Stärke als Kanzler und die Stärken seiner Politik, nach dem Motto: "Nur durch diese Politik haben wir derzeit keine Probleme". Daraufhin hält ihm Alfred Gusenbauer den Spiegel der Bilanz sozial und materiell benachteiligter Bevölkerungsgruppen vor.

Alfred Gusenbauer zu Wolfgang Schüssel:

"Schaun Sie, Herr Oberhauser, man muss erst Ihre *Grundfrage* klären und ich beantworte Ihre Frage ganz gern. *Am Ende der Legislaturperiode muss jeder Wähler entscheiden, ob er mehr Einkommen und Lebensqualität hat, ob es genug Arbeitsplätze gibt, höhere soziale Wohlfahrt und ob die Pensionen besser gesichert sind.* Ich nehme an, das kommt Ihnen bekannt vor, Herr Dr. Schüssel, ist ein Zitat von Ihnen vor einem Jahr und ich kann dem nur umfassend zustimmen. Wenn wir uns an diese Grundlage halten, am Ende der Legislaturperiode, dann was ist seit 1999 geschehen? Es drohen uns leider nach den Angaben des AMS und des IHS ... *320 000 Menschen ohne Arbeit, darunter 40 000 Jugendliche*, es sind die Einkommen der Österreicher in den letzten Jahren am wenigsten gestiegen in ganz Europa durch die *enorm hohe Steuerbelastung*, die es in Österreich gegeben hat, der *soziale Zusammenhalt ist schwächer geworden* durch die Einführung der Ambulanzgebühren und der Unfallrentenbesteuerung und die Pensionisten haben Ängste auf die Zukunft, weil immer mehr abhängig sein wird von den Spekulationen auf den Aktienmärkten als von einer staatlich gesicherten Pension und daher ist die Bilanz, die Sie selbst gefordert haben, Herr Dr. Schüssel, die all diese Fragen, die Sie gestellt haben mit Nein beantworten, ich sage es ganz offen, *ich habe gegen Karl Heinz Grasser wie gegen Sie persönlich überhaupt nichts, aber ich bin der Meinung, wir brauchen in Österreich eine andere Politik*[10], bei einem sind wir uns einig, in Zukunft müssen wir auf das Budget genauer schauen, als in der Vergangenheit, das ist gesamtösterreichischer Konsens, aber wo der große Unterschied ist, sind die fundamentalen Werte, Sie sind der Meinung, jeder Mensch soll schau-

---

[10] Alfred Gusenbauer war beraten worden, sich nicht mehr, was noch kurz davor die Parteilinie gewesen war, gegen das in Österreich momentan "wirksame" Idol Karl Heinz Grasser auszusprechen. Dieser Umstand wird dann später von Wolfgang Schüssel aufgegriffen (siehe kursiv gesetzte Zeilen bei der nächsten Fußnote). Als letzte, thematisch darauf bezogene Sequenz läßt sich die Äußerung von Alfred Gusenbauer interpretieren, die in der (Beziehungs-)Analyse als Gesprächsausschnitt dargestellt wird.

en, wie weit er kommt und ich bin der Meinung, wir wollen eine Gesellschaft des sozialen Zusammenhalts und wenn wir das wollen, dann ist ganz entscheidend, dass wir jetzt die Konjunktur ankurbeln, die Arbeitslosigkeit senken und die Steuerbelastung in Österreich senken..."

Wolfgang Schüssel:

"...lassen wir das beiseite, es ist auch net wichtig, ich meine *Rot-Grün ist ein Horrorbeispiel in Österreich* und man soll nicht zwei Mal den gleichen Fehler machen, die Deutschen lernen daraus und die Österreicher werden hoffentlich klüger sein, als die Deutschen im September...der Dr. Gusenbauer hats natürlich schwer...selber hat er zuerst gesagt, mit dem Grasser kommt es überhaupt nicht in Frage zusammenzuarbeiten, das war seine erste Reaktion, am Sonntag, am Montag offensichtlich sind *dann einige Meinungsumfragen gekommen, die gesagt haben, aha, das ist ein sehr popolärer Mann und der hat hohes Ansehen, auch übrigens bei vielen Sozialdemokraten, dann wurde eine sanfte Öffnung gemacht*[11], man kann sich nicht aussuchen, wer mit einem verhandelt oder der von der anderen Partei als unabhängiger Finanzminister vorgeschlagen wird und dann kam aber der eigentlich starke Mann in der SPÖ, Michael Häupl [Bürgermeister der Stadt Wien] und hat gesagt, das kommt überhaupt nicht in Frage, das erklärt ein wenig den Zick-Zack Kurs, wie so oft bei Dr. Gusenbauer...die Punkte möchte ich aber gerne aufgreifen, wie sie gesagt haben...wie steht Österreich da im Vergleich zu 1999? Ich habe mir natürlich genau angeschaut, was Sie immer behaupten, die Wahrheit ist eine ganz

[11] Bei dieser Passage ließe sich bei einer Untersuchung organischer Faktoren möglicherweise eine Veränderung in der Stimmlage und -intensität und auch anderer Indikatoren entdecken, die ein Gefühl von Genugtuung über den erfolgreich gelandeten Coup anzeigt (was sich an der provozierenden Wirkung für andere Parteien bereits gezeigt hat und bei Hinzugewinn oder Wegfall von Wählerstimmen zusätzlich noch zeigen könnte).

andere. Die *Lohn- und Gehaltssumme*, verglichen 1999 mit 2003 *wird um 11 Milliarden höher sein* oder um *13 1/2 %*, die *Pensionen werden um 4 Milliarden Euro höher* sein, im kommenden Jahr nach unserer Erhöhung als im Jahr 1999, das ist eine Steigerung um fast 15 %,. *die Exporte sind gesteigert worden* um 17 Milliarden Euro oder 28% und *das Bruttoinlandsprodukt ist nominell um 10 % gestiegen*, daher nehmen Sie den Vergleich her, Sie haben heute *mehr Beschäftigte als 1999*, die Menschen sind wohlhabender als 1999, die Pensionisten haben um 4 Milliarden Euro mehr als damals und wir haben mehr investiert in Bildung, eine Milliarde wurde mehr investiert in Bildung, als noch im Jahr 1999, wir haben in die Infrastruktur wesentlich mehr investiert, eine Milliarde höhere Investitionen als unter den letzten sozialistischen Infrastruktur- oder Finanzministern oder Kanzler, die *Forschungsaufwendungen sind im meinen 3 Jahren als Kanzler 600 Mio Euro höher*, das sind fast 10 Milliarden Schilling als in den 3 Jahren, die Victor Klima noch zu verantworten hat, daher trotz aller Schwierigkeiten, die wir haben, Österreich hat sich gut behauptet, und Sie haben einen Stil, der niemandem oder vielen in Österreich nicht gefällt, Sie versuchen unser Land schlecht zu reden..."

Alfred Gusenbauer:

"Also ich muss sagen, das hört sich wunderbar an, Herr Dr. Schüssel, wenn man Ihnen so zuhört, denkt man sich, eigentlich klass, was er uns da erzählt...aber dann muss man 10 Sekunden nachdenken und sagen, aber was hat das jedem einzelnen Österreicher und jeder einzelnen Österreicherin gebracht, denn die Wahrheit ist und Sie kennen die Statistiken des Finanzministeriums genauso gut wie ich, bei den Einkommensentwicklung ist leider *Österreich, bei den Nettoeinkommen und Zuwachs an letzter Stelle in Europa*, was Ihre Frage betrifft mit der Beschäftigung, also ich muss Ihnen schon ganz offen sagen, wenn in ganz Europa die Arbeitslosigkeit in den letzten 3 Jahren zurückgegangen ist, Österreich eines von zwei Ländern ist, wo die Arbeitslosigkeit angestiegen ist, das dazu am meisten, dann muss ich sagen, natürlich, wir sind nach wie vor ein Land, wo zum Glück die Arbeits-

losigkeit geringer ist als woanders, wenn überall sonst in Europa die Arbeitslosigkeit nach unten geht, bei uns nach oben geht, dann müssen doch schon langsam die Alarmglocken läuten und bei all dem, was Sie uns hier erzählen, Herr Dr. Schüssel, am Ende, was hilft es einem, jener 320 000 Menschen, die unter Umständen im Winter keine Arbeit haben werden, was hilft es *einer Pensionistin*, die nun *2 Jahre hintereinander keine Nettopensionsanpassung bekommen hat*, nämlich so, dass der Wert der Pension erhalten wird, was hilft das einem Jugendlichen, einem jener 40 000, die unter Umständen im Winter ohne Arbeit sind...
...es gibt wunderschöne Statistiken, wenn *für den einzelnen nicht das herauskommt, was er wirklich braucht*, nämlich Arbeit und Einkommen und da muss ich sagen, ist leider die Performance, im Vergleich zu anderen Staaten, nicht so gut gewesen und es redet überhaupt niemand Österreich klein, wir sind kein großes, aber wir sind ein großartiges Land und wir sind stolz darauf und wir werden auch diese Herausforderung, die sich jetzt für uns stellt, bewältigen, aber Sie sollten nicht so tun, wie wenn das in den letzten 2 Jahren so eine Erfolgsgeschichte gewesen ist, denn manchmal, wenn man Ihnen so zuhört, hat man so den Eindruck, naja, eigentlich alles beim Alten lassen...
...wir brauchen einen Neuanfang und es muss in den Mittelpunkt gestellt werden, die *Senkung der Arbeitslosigkeit, neue Jobs und eine Stärkung des sozialen Zusammenhalts*, das ist, was Österreich braucht und das ist auch letztlich das, was Österreich groß und erfolgreich gemacht hat."

Wolfgang Schüssel:

"Sie haben keine einzige Zahl, die ich genannt habe, widerlegen können, wir haben *40 000 Arbeitsplätze mehr als 1999*, die *Pensionisten haben mehr als 1999* und wenn Sie für jeden mehr wollen, noch mehr wollen, in Ordnung, aber dann müssen Sie sagen, wem Sie´s wegnehmen, dann sagen Sie´s bitte sehr, wir nehmen´s den Jungen weg, nehmen´s Sie´s bei der Sicherheit weg oder bei den Sozialleistungen weg, denn *Sie haben keine Zauberärmel, ich auch nicht*, aber Sie auch nicht, aus dem Sie irgendetwas neu herausschütteln können, was es schon gibt, die Hände darf niemand in den Schoss legen, da haben Sie schon recht, wir haben auch gegengesteuert, wir haben zwei Konjunkturpakete in diesem Jahr geschlossen, *3 1/2 Milliarden Euro eingesetzt, um die Wirtschaft anzukurbeln*, die Investitionen zu beschleunigen, wir haben sehr viel gemacht, gerade für junge Leute, wir haben jetzt *1000 Euro pro Lehrling pro Jahr pro Unternehmen eingesetzt* und viele Massenmedien, auch die Sozialpartner helfen mit, dass wir gerade jetzt einen massiven Aufschwung, um neue Arbeitsplätze, Lehrstellen, oder Qualifikationseinrichtungen zu schaffen, zusammenbringen, wir haben *5000 Qualifikationsprogramme für junge Leute von 19 bis 24, wir werden Pflegeberufe etwa 2000 zusätzlich ausbilden und meine Idee wäre, dass wir für die älteren Mitarbeiter eine Lohnnebenkostensenkung machen*, die Sie aber ablehnen, die Sie ja massiv in der Vergangenheit kritisiert haben, geradezu als gefährlich kritisiert haben..."

Alfred Gusenbauer:

"...ich finde nicht in Ordnung, dass in der Zwischenzeit nur mehr jeder zweite von einem Arbeitsplatz in eine Pension wechselt, die *andere Hälfte der älteren Menschen verliert den Arbeitsplatz lange bevor sie in Pension geht, müssen von Sozialhilfe leben, von Notstand leben, von Arbeitslosenunterstüztung leben* und haben damit einen Einbruch in Ihrem Einkommen, der unfassbar ist, Sie müssen sich vorstellen, bei einem normalen Arbeiter heißt das, dass er unter Umständen *von 57 bis 61 1/2 von 500 Sozialhilfe leben muss anstatt, dass er unter Umständen seine Pension von 1000 Euro bekommt*[12] und das finde ich

[12] Erst seit kurzem ist es erlaubt und legitim, Thematiken öffentlich zu diskutieren, bei welchen bisher die Spielräume möglicher Argumentationen (auf ein fast unterträgliches Maß) reduziert und tabuisiert waren. Trotzdem ist der Status von Gruppen, die über geringe oder gar keine Einkommen verfügen (ganz unabhängig von den Aspekten einer eigenen Beteiligung), uneingeschränkt mit sozialer Scham besetzt.

ist unfair, dauernd davon zu reden, wie Sie es ja auch getan haben, Sie haben gesagt, die Menschen sollen erst mit 65 eine Pension bekommen, dauernde davon zu reden, dass Sie später eine Pension bekommen, aber Sie völlig allein zu lassen in ihrem Schicksal, dass Sie immer früher ihren Arbeitsplatz verlieren, das finde ich nicht fair und wenn Sie über die Lohnnebenkosten sprechen, dann sage ich Ihnen ganz offen, es war mein Vorschlag nicht mit der Gießkanne die Lohnnebenkosten zu senken, weil das nichts bringt, sondern ausschließlich für die älteren Arbeitnehmer, weil wir dieses Problem bereits seit längerer Zeit haben..."

Wolfgang Schüssel:

"...ich finde es eigentlich schade, dass Sie nicht in der Lage sind, so wie das in der Bundesrepublik Deutschland möglich ist oder in Schweden, dass man über die Parteigrenzen hinweg einmal die notwendigen Reformen im Pensionsrecht außer Streit stellt und ich habe eigentlich angenommen, deswegen, weil wir mit den Sozialpartnern eine Einigung erzielt haben, dass es möglich ist, neben der guten staatlichen Pension, die nicht angetastet wird, eine zweite und eine dritte Vorsorge gibt ... ich glaube, dass wir über eine Periode von 10 Jahren einige Punkte außer Streit stellen könnten...ich glaube, dass

---

Das kann bedeuten, dass offen eingeforderte politisch-soziale Orientierungen und Werthaltungen aufgrund moderner, allgemein verbreiteter egomanischer Trends, letztlich - durch Leugnen und Vermeiden eines eigenen schambesetzten Status bei Betroffenen - zu einem Stimmenverlust führen. Niemand will schließlich an die eigene Minderwertigkeit erinnert werden und außerdem wird, wenn es andere betrifft, der eigene Selbstwert dadurch unter Umständen noch gesteigert. Das kann zu einem nicht intendierten Umkehreffekt führen.
Selbst positive, soziale Gesinnung muss heutzutage an betroffene und an nicht betroffene Bürger kolportiert und verkauft werden und daher müsste, bei der politischen Umsetzung einer sozialdemokratischen Leitmaxime (auch wenn die Inhalte derzeit aktuell und angezeigt sind) aus sozialpsychologischen Gesichtspunkten, neben einer gegebenen Finanzierungsproblematik, sehr strategisch und umsichtig vorgegangen werden.

wir ein einheitliches Pensionssystem mit Anwartschaften brauchen, wo ein Pensionskonto individuell da ist, an dem man sich orientieren kann und sich ausrechnen kann, wieviel bringt mir das..."

(Beziehungs-)ANALYSE:

Wegen des Angebotes, nach der Wahl als unabhängiger Finanzexperte der ÖVP zu fungieren, hat *Karl Heinz Grasser* sein FPÖ-Mandat über Nacht ruhend gelegt. Die Präsentation dieses "neuen", im Moment sehr populären, kompetent wirkenden und vielfach auch als attraktiv bezeichneten Kanditaten, "Polit-Sunnyboy" (Elmar Oberhauser, ORF 1, 14.11.2002) "pariert" *Alfred Gusenbauer* auf symbolischer Ebene:

Als Tatsache stellt *Alfred Gusenbauer* (mittels eines abgeleiteten, konstruierten und konkretisierenden Beispiels) eine Begegnung *Wolfgang Schüssels* mit einem arbeitslosen 17-Jährigen und seine Mitteilung an den Jugendlichen dar:

Alfred Gusenbauer:

> "...das Wichtigste dabei ist aber, das aller, aller Wichtigste ist die Betroffenheit jedes Einzelnen, und wissen´s was mich erschüttert hat, am meisten hat mich erschüttert Ihre gestrige Pressekonferenz, denn erklären Sie mir mal folgendes: Wenn Sie heute am Abend das Studio verlassen und gehen auf die Straße irgendwohin und treffen einen Jugendlichen, der 17 Jahre alt ist und der bereits seit zwei Jahren einen Arbeitsplatz sucht und leider keinen findet. Und zu diesem Jugendlichen, Herr Dr. Schüssel, sagen Sie dann, Du bist ein *Schönheitsfehler*, Du bist ein Schöheitsfehler, das ist die Antwort, die Sie einem 17-Jährigen Jugendlichen geben, der keine Arbeit findet, denn bei Ihrer gestrigen Konferenz haben Sie gesagt, es ist alles wunderbar, es gibt nur einen Schönheitsfehler, *die Arbeitslosigkeit und ich sage Ihnen, das ist kein Schönheitsfehler, da geht es um die Schicksale von Menschen und um Chancen und Perspektiven für die Menschen in unserem Land*, es ist daher kein Schönheitsfehler, sondern die wichtigste Auf-

gabe, die wir in der Politik zu lösen haben, dazu müssen Sie sich einmal äußern, endlich Schluss zu machen mit der Arbeitslosigkeit und einen anderen Kurs zu fahren."

Wolfgang Schüssel:

"Also die Aufregung ist ein wenig gekünstelt, denn ich hab zu keinem 17-jährigen Lehrling so etwas nicht gesagt, das wissen Sie auch genau, dass ist eine reine Erfindung..."

Hinter diesem "Schachzug" der ÖVP, überraschend einen (schönen, attraktiven) Finanzminister zu präsentieren, der für einen bestimmten Kurs steht, zeige sich deutlich - so die Einschätzung von *Alfred Gusenbauer* - eine Einstellung auch auf sprachlicher Ebene, die Arbeitslosigkeit in einer Gesellschaft als "Schönheitsfehler" bezeichnet. Mit einem solchen Ausdruck wäre die Arbeitslosigkeit als naturgegeben, unverrück- und unveränderbar festgeschrieben (vgl. Referenzpunkte (2)).

Egal, was *Wolfgang Schüssel* oder *Alfred Gusenbauer* im ganzen Verlauf dieses Gespräches sagen, es wird mit einer überzeugenden Gegenmeinung gekontert: Die Partie endet 1:1 oder mit einem Patt.

Alfred Gusenbauer zeigt glaubhaft und authentisch Gefühle und Formen moralischen Protests, gültig auch für den kleinen Mann. In diesen Momenten ist er ist ein widerspruchsfreier Darsteller, der mit wenigen Inhalten sich nicht auf detailreiche weltanschauliche Irrfahrten begeben muss. Sein immerwährender Unterton ist, Österreich sei durch soziale Gerechtigkeit in der Geschichte groß geworden.

Wirtschaftspolitische Themen bleiben auf der Strecke, Andeutungen, wie die SPÖ diese Ziele finanzpolitisch umsetzen will, werden nicht gemacht. Eine sozial ungerechte Bilanz der letzten Regierungsperiode steht im Vordergrund; *Wolfgang Schüssel* konstatiert wiederholt, dass in der SPÖ die Wirtschaftsfachleute fehlen.

Der Effekt, den *Alfred Gusenbauer* unter anderem durch seine Darstellungsinhalte und seine Darstellungsform auf die (gemäß Meinungsumfragen laut ORF zirka eine Million umfassenden) unentschlossenen Wähler ausüben konnte, wird sich nach der Wahl zeigen.

Zum Abschluss sagt der Moderator *Elmar Oberhauser*, er werde bei der kommenden, letzten Wahldiskussion mehr auf die heterogene Themenauswahl achten.

REFERENZPUNKTE:

(1) Aussagen (von Politikern) beinhalten mehrere Möglichkeiten der Referenz, der Begriff der "Sprechhandlung" erfasst einen mehrdimensionalen Bedeutungsraum (System, Funktion und Rolle, Kislinger 2001, S 20):

> "Austin verweist auf die Existenz einer Klasse von Äußerungen, die keinerlei Sachverhalt in der Wirklichkeit beschreiben, sondern im Gegenteil dort etwas bewirken. Solche Äußerungen, von Austin als 'performatives' bezeichnet, sind gleichzeitig Handlungen: "Issuing the utterance of doing something" (Kunnemann 1991, 67). Wenn wir etwas sagen, verrichten wir gleichzeitig eine Reihe verschiedener Handlungen. Zunächst führen wir eine 'lokutionäre Handlung' aus, d.h. wir äußern einen Satz mit einer bestimmten Bedeutung und einer bestimmten Referenz. Daneben verrichten wir auch immer eine illokutionäre Handlung, d.h. wir behaupten oder fragen etwas, warnen oder bitten, erteilen Befehle oder drücken Besorgnis aus, etc. Illokutionäre Handlungen haben keine 'Bedeutung' wohl aber eine bestimmte Kraft (force). Handlungen werden mit Hilfe von Performativa und / oder primitiveren sprachlichen Mitteln - Stimme senken, etwas betonen, etc. - ausgeführt. Im Gegensatz zu den Konstativa, die wahr oder unwahr sind, nennt Austin Performativa 'glücklich' oder 'unglücklich'. Auch Performativa sind also an Kriterien gebunden, die festlegen, ob sie adäquat ausgeführt sind. Hierzu gehören die konventionell festgelegten Umstände, unter denen Performativa - zum Beispiel ein Versprechen geben oder einen Befehl erteilen - mehr oder weniger geeignet sind wie auch die Wahrhaftigkeit des Sprechers" (Austin 1962, zit. nach Kunnemann 1991, 163; *vgl. System, Funktion und Rolle, 1. Rolle und Performanz/1.1. Körperhaltung, Geste und Sprache /1.1.4. Sprache/ 1.1.4.1. Theorie der Sprechhandlung*).

(2) *Alfred Gusenbauer* erteilt dem "symbolvermittelnden Weltbezug" der ÖVP, dargestellt durch den Kanzler *Wolfgang Schüssel*, der den "unabhängigen Finanzexperten" *Karl Heinz Grasser* präsentiert, eine Absage. Dem zugrunde liegend lässt sich ein "normativer Bezug des Handelns" denken (System, Funktion und Rolle, Kislinger 2001, S 48):

> "Der normative Bezug des Handelns hatte für Parsons ursprünglich (unter dem Eindruck von Webers Soziologie) die Bedeutung von 'Befolgung von Normen' (d.h. die Bedeutung von 'wertrationaler Orientierung' (Parsons 1949), erweiterte sich aber später zu einem allgemeinen 'symbolvermittelten Weltbezug', der alle sinnhaften Schematisierungen, die man für sein Handeln vorfindet, umfaßt und den einzelnen bindet, weil die jeweiligen Sinnmuster ihm naturähnlich vorgegeben und Voraussetzungen für die Interaktion mit anderen Menschen sind (Parsons 1953, 38f; zitiert nach Kieser und Kubicek 1978, 86; *vgl. System, Funktion und Rolle, 2. Entität und Lebenswelt/2.1. Systeme/2.1.2. Zwei Perspektiven /2.1.2.2. Phänomenalisitsche Systemtheorie*)."

(3) Besonders in Konfrontationen werden eigene und die fremde Identitätsanteile aktiviert und aktualisiert (System, Funktion und Rolle, Kislinger 2001, S 145):

> Mead (1973, 218) definiert das Ich als organisierte Haltungen, die von anderen übernommen oder von denen der anderen abgegrenzt werden: "Die Übernahme aller dieser organisierten Haltungen gibt ihm sein Ich, das heißt die Identität, deren er sich bewußt wird".
> Zusätzlich zu den Ausführungen zur Rolle im ersten Kapitel unterscheidet Mead zwischen einem 'I' und einem 'Me', um die Spontaneität des individuellen Handelns von den übernommenen Haltungen anderer abzugrenzen. Das 'Me' umfaßt sowohl die Haltungen von Bezugspersonen als auch der verallgemeinerten Anderen.

Er veranschaulicht damit den ständigen Auseinandersetzungsprozeß zwischen eigenen und fremden Identitätsanteilen. "Das 'I' reagiert auf die Identität, die sich durch die Übernahme der Haltungen anderer entwickelt. Indem wir diese Haltungen übernehmen, führen wir das 'Me' ein und reagieren darauf als ein 'I'" (s.o. 217).
Handeln ist nach Mead von anderer Qualität als die vorangehende Reflexion, da in ihr stets etwas unvorhersehbares steckt, das dem Handeln 'Freiheit' und 'Initiative' verleiht (s.o. 221). Schon während die Handlung abläuft, kann das Individuum sowohl seine eigene Handlung als auch die Reaktionen der anderen beobachten und sich die Reaktion des 'I' auf die durch das 'Me' festgelegte situationsspezifische Identität bewußtmachen. Dieser Reflexionsprozeß führt zu einer neuen Erfahrung der eigenen Identität, die sich in der nächsten Handlungssituation auf die Bildung des 'Me' auswirken wird (Abb 2).

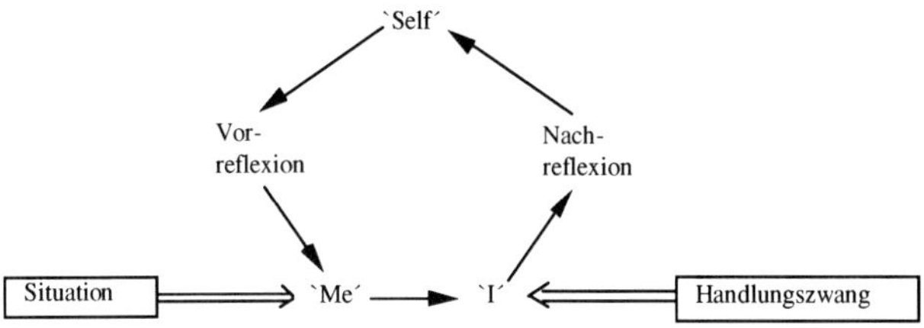

Abb. 2: Kreislauf der Identitätsbildung (Miebach 1991, 61)

Wie die Abbildung schematisch zeigt, ergibt sich ein Kreislauf der Identitätsbildung durch soziales Handeln. Ein Individuum wird erstens mit einer Situation konfrontiert, die eine Handlung herausfordert. In einer Phase der Vor-Reflexion entnimmt es zweitens aus seiner Identität als der Menge im Laufe seiner Biographie übernommenen Haltungen und legt damit die Handlungsmöglichkeiten für diese Situation fest. Das so gebildete 'Me' muß drittens in konkretes Handeln übersetzt werden, was durch die Reaktion des 'I' geschieht. Auf der Grundlage der erfolgten Handlung und der Reaktion der anderen setzt viertens ein Reflexionsprozeß ein, der zu einem Erfahrungszuwachs und damit zu einer Erweiterung des 'Self' führt (*vgl. System, Funktion und Rolle, 5. Handlung und Prozess/5.1. Der Mensch/5.1.2. Situative Dynamik*).

(4) Die Politik ist - neben Wirtschaft, Medien, etc. - eine der mächtigsten Instanzen, die (die) Handlungen (der Bürger) normieren und Regulierungsmodelle entwerfen (System, Funktion und Rolle, Kislinger 2001, S 64):

> "Kulturbestimmende Handlungstypen werden durch Anerkennung und Sanktion herausgebildet, Jackson (1965, 303, zitiert nach Rosenstiel u.a. 1986, 48f):) schlägt folgende Messungen vor:
>
> Auf der Abszisse wird das interessierende Verhalten der Gruppenmitlgieder skaliert (s. Abb. 3: die Werte 0-10). Je nach Ausprägung dieses Verhaltens reagieren die Gruppenmitglieder - das wird auf der Ordinate skaliert - mit Zustimmung (s. Abb.3: Werte 0 bis +3) oder Ablehnung (s. Abb. 4: Werte 0 bis -3). Die Verhaltensausprägung, die die höchste Zustimmung findet, entspricht am ehesten der in der Gruppe geltenden Norm. Das Return-on-Potential-Model (Abb. 3) ist vor allem zur Quantifizierung normierten Verhaltens geeignet. Jackson (1965, 303) schlägt folgende Messungen vor :

- Der Punkt der höchsten Zustimmung.
- Die Weite des tolerierten Verhaltens, das noch keine negativen Sanktionen hervorruft.
- Die Belohnungsdifferenz; d.h. das Ausmaß an Belohnung und Bestrafung, das mit dem normierten Verhalten verbunden ist. Der Wert wird aus der Summe der Reaktionen auf die möglichen Verhaltensausprägungen errechnet. Der Wert kann positiv (wenn beispielsweise normkonformes Verhalten belohnt, abweichendes aber nicht bestraft wird), neutral (wenn zum Beispiel konformes Verhalten belohnt, abweichendes aber nicht bestraft wird) oder negativ (wenn konformes Verhalten nicht belohnt, abweichendes aber bestraft wird) sein.
- Intensität; d.h. die Stärke der Reaktion auf das Verhalten. Der Wert wird aus der Summe der Reaktionen auf mögliche Verhaltensausprägungen ohne Berücksichtigung des Vorzeichens errechnet.
- Kristallisation; d.h. der Grad der Übereinstimmung der Gruppenmitglieder hinsichtlich ihrer Sanktionen positiver oder negativer Art auf ein bestimmtes

Verhalten anderer Gruppenmitglieder. Streuungsmaße oder Indikatoren der Profilähnlichkeit können hier zur Quantifizierung herangezogen werden.

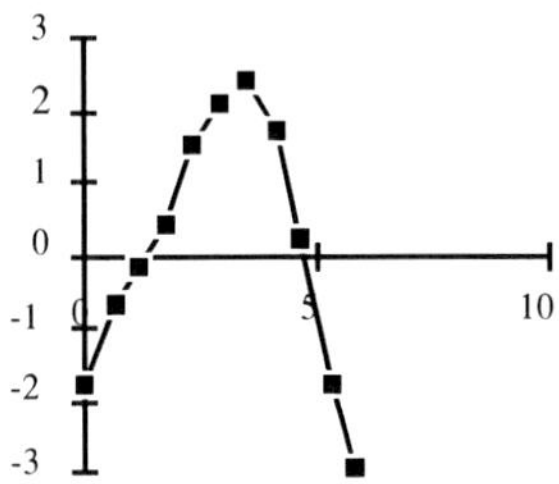

Abb. 3: Return on Potential Model (Jackson 1965, 303; *vgl. System, Funktion und Rolle, 2. Entität und Lebenswelt/2.2. Gruppen/2.2.6. Das Soziale Kräftefeld /2.2.6.3. Normierung von Handlungen*).

(5) Die Gesellschaftsformen zugrundeliegenden "Eck-" und Orientierungspunkte sind deren Werte, Parsons (1972) beschreibt das mit sich in Interaktion befindlicher sozialer Systeme, die (System, Funktion und Rolle, Kislinger 2001, S 64):

> "Soziale Systeme werden gebildet von Zuständen und Prozessen sozialer Interaktion zwischen handelnden Einheiten ... Man kann bei einer Analyse der Struktur sozialer Systeme vier Typen unabhängig variabler Komponenten zu Hilfe nehmen: *Werte, Normen, soziale Gesamtheiten und Rollen.* Werte erhalten ihre Hauptfunktion in der Normenerhaltung sozialer Systeme, denn sie stellen wünschenswerte Typen sozialer Systeme dar, die das Eingehen von Verpflichtungen durch soziale Einheiten regeln. Normen, deren Hauptaufgabe die Integration sozialer Systeme ist, beschränken sich auf besondere soziale Funktionen und Situationen. Sie beinhalten nicht nur Wertkomponenten, die speziell der jeweils angemessenen Ebene in der Struktur des sozialen Systems zugeordnet sind, sondern auch spezifische Weisen der Orientierung zum Handeln unter Funktions- und Situationsbedin-

gungen besonderer Gesamtheiten und Rollen. Soziale Gesamtheiten sind die Strukturkomponenten, welchen vorrangig Zielverwirklichungsfunktionen zufallen (Parsons 1972, 15; *vgl. System, Funktion und Rolle, 2. Entität und Lebenswelt/2.2. Gruppen/2.2.6. Das Soziale Kräftefeld /2.2.6.3. Normierung von Handlungen*)."

TEIL E

Gespräch von Dr. Wolfgang Schüssel (ÖVP),
Dr. Alfred Gusenbauer (SPÖ), Mag. Herbert Haupt (FPÖ) und
Prof. Dr. Alexander Van der Bellen (DIE GRÜNEN)

Thema: Wer mit wem?

Positionierung und Signale

AUSGANGSLAGE: Strategische Optionen

Laut Nachrichtenmagazin *Profil* (Profil Nr. 47, 18.11.2002, S 23) sind folgende zwei Koalitionsvarianten wahrscheinlich:

(1) SPÖ/GRÜNE

Vorraussetzung: eine abgesicherte rot-grüne Mehrheit.
Thematisch sind die Übereinstimmungen groß. Auch personell haben beide Parteien ihre Ansprüche in etwa abgesteckt. Bleibt die SPÖ auch Erste, steht einer Koalition nur wenig im Weg, da auch die traditionell großkoalitionäre Gewerkschaft auf die ÖVP schlecht zu sprechen ist. Wird die ÖVP Erste und Rot-Grün ginge sich aus, steckt Alfred Gusenbauer mit seiner Oppositions-Ansage in der Zwickmühle. Möglicher Ausweg: Gusenbauer zieht seine Aussage zurück, oder Michael Häupl [derzeitiger Bürgermeister der Stadt Wien, die über eine starke SPÖ-Mehrheit verfügt] macht den Bundeskanzler.

(2) ÖVP/SPÖ

Voraussetzung: Schüssel überholt die SPÖ, mit der FPÖ ist die Zusammenarbeit unmöglich.
Derzeit fürchtet die SPÖ, als Juniorpartner - wie seinerzeit die ÖVP - zum ewigen Zweiten verdammt zu sein. Doch nach monatelangem Poker könnten öffentlicher Druck und Sozialpartner die Genossen dazu zwingen. Mögliches ÖVP-Angebot: eine `große Koalition neu´ mit breitem koalitionsfreiem Raum. Doch die SPÖ wird kaum akzeptieren, dass sie den Sparkurs mittragen soll, gesellschaftspolitische Themen aber von ÖVP und FPÖ beschlossen werden.

Eventuell nennt das *Profil* die Varianten SPÖ/ÖVP, Voraussetzung wäre, die SPÖ bleibt Erste und schließt mangels ausreichender Mehrheit keine Koalition mit den Grünen, und die Variante

ÖVP/FPÖ, Voraussetzung wäre, die FPÖ schafft wieder personelle und inhaltliche Regierungsfähigkeit und die Variante einer Minderheitsregierung der ÖVP, Voraussetzung wäre Schüssel bleibt als Erster ohne Koalitionspartner, aber erhält die Unterstützung der FPÖ-Abgeordneten (s.o). *Unwahrscheinlich* nennt das *Profil* die Variante ÖVP/Grüne, Voraussetzung Rot-Grün geht sich nicht aus und Schwarz-Blau scheitert am Zustand der FPÖ.

DIE KONFRONTATION DER VIER KLUBOBMÄNNER

Die Konfrontation der Klubobmänner der ÖVP, SPÖ, FPÖ und der GRÜNEN mit dem Moderator *Elmar Oberhauser* am Donnerstag, den 21.11.2002 in ORF 2 (20 Uhr 15 bis 22 Uhr) wurde vom ORF in der darauffolgenden Nachrichtensendung (22 Uhr bis 22 Uhr 30) nach Themen zusammengefasst:

Die *Aufnahme des Finanzministers* eine ÖVP-Koaltionsbedingung?

Wolfgang Schüssel:

"Wenn mich die Wähler so stark machen, dass ich die Regierung, vorschlagen kann, dann natürlich."

Elmar Oberhauser:

"Würden Sie das akzeptieren, wenn das soweit kommt?"

Herbert Haupt:

"Ich hab´s klar gesagt, dass Grasser von mir das Vertrauen nicht mehr hat und Sie kennen mich schon lange genug Herr Dr. Oberhauser, meine Meinung ändert sich nicht jeden Tag."

Elmar Oberhauser:

"Das heisst aber mit anderen Worten, schwarz-blau ist damit hinfällig, wenn das gilt, was der Herr Bundeskanzler sagt und das gilt, was Sie sagen, nur um´s zu resümieren, damit die Leute wissen?"

Herbert Haupt:

"Ich bin ein alter Cineast, es kann Karl Heinz Grasser passieren, dass "Kevin-Allein zu Haus" die Hauptrolle spielt."

Elmar Oberhauser:

"Wie weit gehen Sie, damit es zu rot grün kommt?"

Alexander Van der Bellen:

"Meine Ansicht war immer, wenn die Mehrheit von Schwarz-Blau kippt, dann wäre es eine naheliegende Alternative, dass die anderen und das wäre Rot-Grün die Verhandlungen aufnehmen."

Thema Wirtschaft: Alle Parteichefs versprechen weniger und manche mehr, kurz vor der Wahl auch keine Überraschung, gefragt wird neuerlich nach der *Finanzierung von Wahlversprechen*:

Alexander Van der Bellen:

"Ich finde das einen Witz, zuerst ziehen Sie den Österreichern vier Milliarden Euro aus der Tasche, die zwei Prozentpunkte des BIP, die Sie die Steuern und Abgaben erhöht haben, sind ungefähr so viel und dann sagen Sie großzügig, wir geben´s euch wieder her, wenn wir wieder dran kommen."

Herbert Haupt:

"Diese Entlastungseffekte sind nicht gekommen und daher ist also auch bei uns die Empörung so besonders groß, dass am Sonntag auf einmal der Kollege *Grasser*, Enlastungseffekte für die nächste Legislaturperiode verspricht, die er gemeinsam mit uns 2003 nicht starten wollte, das ist also Faktum."

Elmar Oberhauser:

"Ich habe Sie gefragt, wo soll das herkommen, wenn Sie jemanden entlasten, müssen Sie entweder jemanden belasten, oder das Defizit vergrößern."

Alfred Gusenbauer:

"...Wir haben für das erste Jahr die gesamten Ausgaben zusätzlich aufgelistet, die durch die Steuerreform, und durch die Abschaffung von Ambulanzgebühren, Studiengebühren und Unfallrentenbesteuerung entstehen werden und zwar im Jahr 2003 und wir haben aufgelistet, was demgegenüber an Einnahmen und Einsparungen gegenübersteht..."

Wolfgang Schüssel:

"Das ist lauter heiße Luft, das genau wiederum die gleiche Walze, das sind die gleichen Stehsätze, die ununterbrochen wiederholt werden, wie durch ein Wunder werden vier Millionen Euro durch mehr Arbeitsplätze hergezaubert, da werden vier Millionen Mehreinnahmen durch den Kampf gegen die Schwarzarbeit dargestellt, alles, was wir ja schon machen."

Beim nächsten großen Thema, den *Pensionen* herrscht Konsens darüber, dass die Anhebung des Pensionsantrittsalters und der Pensionsbeiträge derzeit nicht zur Diskussion stehen, allerdings gehen die Vorschläge, wie die Pensionen in Zukunft gesichert werden sollen, doch weit auseinander:

Herbert Haupt:

"Diese Bundesregierung hat begonnen als erste das drei Säulen Modell, das in ganz Europa gibt auch ernsthaft auszugestalten, mit der Abfertigung Neu der Mitarbeiterabfertigung haben wir begonnen, eine Zusatzpensionssäule aufzubauen, die für die jungen Menschen in zehn Jahren dann wirksam wird..."

Das sei der richtige Weg und der dürfe nicht verlassen werden, so Haupt. Nicht drei Säulen, sondern zwei Stufen tragen das Pensionssystem der GRÜNEN:

Alexander Van der Bellen:

"...dass man im Prinzip ein zwei-stufiges Modell hat, eine Grundsicherung, unabhängig sozusagen von der Erwerbsbiographie, das würde sofort für 400 000 Frauen eine Mindestabsicherung und zwar eine eigenständige, selbst verfügbare Mindestversicherung schaffen, aufgestockt eine versicherungsmathematische Pension, die in Summe dann auch gedeckelt sein wird in der Höhe in etwa der heutigen ASVG Höchstpension."

In der *Zusammenführung der Pensionskassen* ist den Sozialdemokraten eines wichtig:

Alfred Gusenbauer:

"Das, wenn wir jetzt ein Pensionierungsalter von einundsechzigeinhalb haben, ein Frühpensionierungsalter, dass wir es jetzt zusammenbringen, dass die Menschen auch gesund bis einundsechzig einhalb arbeiten können, denn derzeit ist es leider so, dass die Hälfte aller Menschen nicht nur direkt vom Arbeitsplatz in die Pension wechselt, während die anderen aus dem Arbeitsplatz verdrängt werden und in eine Sozialmaßnahme müssen und dazu gibt es ein Paket für ältere Arbeitnehmer, nämlich Lohnnebenkostensenkung für ältere Arbeitnehmer und was ganz wichtig ist, man muss natürlich auch die Requalifikation älterer Arbeitnehmer noch investieren..."

Auch die *Volkspartei will das System vereinheitlichen*:

Wolfgang Schüssel:

"Das erste ist einmal die Frage, dass wir ein einheitliches neues Anwartsrecht wollen, das is gscheit, des zweite ist, es gehören Ungerechtigkeiten beseitigt, die es heute gibt, zum Beispiel sieht kein Mensch ein, warum ein Eisenbahner mit 50 Jahren in Pension geht und ein Bundesbeamter mit 59 Jahren, man kann selbstverständlich für Schwerstarbeiter eine andere Regelung machen, da kann man sagen, ein Polizist, der draußen ist, das hat ja auch das von *Riess Passer* und von mir ausverhandelte Exekutivgesetz bereits vorgesehen, dass leider nicht mehr beschlossen werden konnte, das man für einen Monat Außendienst 1,1 Monate Pensionsanwartschaften erwerben kann..."

Und schließlich *Abfangjäger*:

Alfred Gusenbauer:

"...und das daher die Prioritätensetzung, was uns wichtig ist und was uns weniger wichtiger ist, eine ist, die in diesem Fall gegen die Abfangjäger ausgeht."

Elmar Oberhauser:

"Geht das nicht auf Kosten der Sicherheit?"

Alfred Gusenbauer:

"Keine Bange, denn das, was wir in Österreich zur Sicherheit beitragen, das tun wir und es wird weder Österreich noch Europa sicherer, wenn Österreich diese achtzehn oder vierundzwanzig Abfangjäger ankaufen würde."

Elmar Oberhauser:

"Für Sie ist der Ankauf von Abfangjägern, kann keine Frage sein?"

Wolfgang Schüssel:

"Aber ein anderes Modell als früher, nicht einkaufen wie im Supermarkt, sondern das muss das bestmögliche Geräte sein, das müssen uns die Profis des Militärs sagen, da versteh´ ich nix davon."

Elmar Oberhauser:

"Herr Prof. Van der Bellen?"

Alexander Van der Bellen:

"Das ist ganz einfach, Österreich ist von guten Nachbarn umzingelt, Österreich ist von EU-Mitgliedern umgeben, minus Schweiz und Liechtenstein, Österreich ist von NATO Mitgliedern umgeben wieder minus Schweiz und Liechtenstein, Österreich ist militärisch nicht bedroht, deswegen unter dem Gesichtspunkt der militärischen Sicherheit abzuhandeln ganz verfehlt."

Herbert Haupt:

"Wir brauchen eine Luftpolizei, wir haben aber klar gesagt, dass wir den Ankauf der Abfangjäger zurückstellen, dass der Ankauf erst dann kommen kann, wenn die Entlastung der unteren und untersten Einkommen kommt."

Das letzte Sachthema des Sports, alle sind sich erstmals einig, *Sport* ist gesund und soll aufgewertet werden.

Die angesprochene Frage einer Minderheitsregierung zwischen SPÖ und FPÖ dementieren beide Seiten:

Elmar Oberhauser:

"Es gibt Gerüchte über einen Geheimplan, unter Journalisten, der Herr Haupt lacht schon, weil er ist hauptbetroffen davon, zwischen SPÖ und FPÖ, wonach die FPÖ bereit wäre eine rote Minderheitsregierung zu unterstützen, mit dem Ziel, Bundeskanzler Schüssel los zu werden..."

Alfred Gusenbauer:

"...nicht jede Aussage, die in der Öffentlichkeit gemacht wird, ist ernst zu nehmen, ich sage Ihnen ganz offen, ich habe mit der FPÖ, also mit *Jörg Haider* seit 20 Jahren kein persönliches Gespräch geführt, jeder weiß, dass ich für eine Zusammenarbeit mit der ÖVP und den GRÜNEN offen bin und immer gesagt habe, es gibt keine Unterstützung mit der FPÖ...weil ich grundsätzlich der Meinung bin, wir brauchen eine stabile Regierung und keine Minderheitsregierung, also man soll die Verwirrung der Österreicherinnen und Österreicher nicht auf die Spitze treiben, wir brauchen klare Verhältnisse."

Herbert Haupt:

"Ich habe immer klar gesagt, dass ich eine Minderheiten...nicht unterstützen werde, das war für mich nie ein Thema, wir tun uns als kleines Land in der EU schon schwer genug, da brauchen wir nicht noch in der schwierigen Phase der EU-Osterweiterung uns am Verhandlungstisch zusätzlich noch schwächen..."

(Beziehungs-)ANALYSE:

Gesamteindruck: Blockbildung von drei "Experten" (der ÖVP, FPÖ und GRÜNE) gegenüber *Alfred Gusenbauer*, der die Wahlziele der SPÖ ideologisch-sozial, in einer augenscheinlichen Ermangelung finanzwirtschaftlicher Akzente, darstellt.

Wolfgang Schüssel spricht am überzeugendsten, auch deshalb, weil er von *Alexander Van der Bellen* durch zwar überzeugende, aber nur sehr punktuelle Richtigstellungen angegriffen wird. *Wolfgang Schüssel* kann an diesem Abend die meiste Aufmerksamkeit auf sich ziehen.

Neben *Wolfgang Schüssel* korrigiert *Herbert Haupt* die SPÖ durch Expertenwissen, als *Alfred Gusenbauer* mit einem Gegenfinanzierungskonzept der SPÖ-Experten, für die rückgängig zu machenden Studien-, Ambulanzgebühren und Unfallrentenbesteuerung, aufwartet. Diese und andere Wortmeldungen von *Herbert Haupt* lassen die FPÖ wieder in der gewohnten Nähe (bisherige Koalition) zum Bundeskanzler erscheinen.

Herbert Haupt betont wiederholt, dass er sich vom Ex-FPÖ Finanzminister *Karl Heinz Grasser* eindeutig distanziert und auch schon zuvor distanziert hat. Nicht aber vom Sparkurs der Regierung (dessen nicht unwesentlicher Teil der Finanzminister war). Die Erfolge des unpoplären Frühpensionierungsmodells und der Verwaltungsreform werden erst in der nächsten Legislaturperiode "eingefahren", die Schulden konnten, auch unter Einbeziehung der Zukunft, abgebaut werden:

> "...daher gehen wir davon aus, dass die 0,36 Punkte BIP, die wir für die Anfangsentlastung brauchen, in den Jahren 4 und 5 durch die bereits eingeleitete Schiene der Reform der Verwaltung und der weiter zur Verfügung stehenden Reform auch hereinkommt, sodass die anfänglichen Schulden...dann wieder ausgeglichen sind..."

Diese widersprüchlich erscheinende Aussage der Distanzierung gegenüber dem Finanzminister in einer neuen Regierung wird durch ein starkes körpersprachliches Signal (zusätzlich zu den bohrenden Fragen von *Elmar Oberhauser*) aufgeweicht. Während des oben angeführten Gesprächsausschnitts stellt *Herbert Haupt* seine Liebe zum Geld *mittels Daumen und Zeigefinger seiner auf dem Tisch liegenden linken Hand dar, er "streichelt" lang und intensiv das symbolisch dargestellte Geld* während der oben zitierten Textpassage.

Inwiefern diese durch die linke Hand zum Ausdruck gebrachte Liebe zum Geld *unabhängig* vom früheren und wahrscheinlich neuen Finanzminister bestehen werde können, wird sich nach den Koalitionsverhandlungen für die FPÖ im Ganzen und für *Herbert Haupt* persönlich noch herausstellen.

REFERENZPUNKTE:

(1) Bei Parteien können hinsichtlich der Phasen, die sie durchlaufen, mehrere Prozesse unterschieden werden, unter anderem ein Prozess der Institutionalisierung. Schülein (1987) beschreibt dabei zwei Formen von Relationen (System, Funktion und Rolle, Kislinger 2001, S 193):

> "Man kann - wiederum idealisiert -...zwei Typen von Relationen unterscheiden:
>
> - Determinierte Relationen, die aufgrund von Zwängen zustandekommen und entsprechend eng an Umweltvorgaben und -kontrollen gebunden sind, und
> - offene Relationen, die nur mittelbar vorstrukturiert sind und daher mehr Eigendynamik entwickeln.
>
> Es ist klar, dass letztere ein 'Luxusprodukt' sind, das nur dort eine dauernde Realisierungschance hat, wo der notwendige Bedarf an Leistungen erfüllt ist...
>
> Der Relevanzdruck durch die Umwelt formt unterschiedliche Beziehungen und Verhältnisse aus:
>
> "Wichtig ist auch hier wieder die 'Mischform', die Dialektik von Determination und eingelagerter Offenheit, die dazu führen kann, dass die determinierte Relation verändert wird, was wiederum auf die Umwelt zurückwirken kann. Eine rein determinierte Relation ist dagegen letztlich tautologisch, bringt nichts Neues hervor, während offene Relationen zwar strukturell emergent sind, aber ohne Einbindung in Themen sich in der Vielfalt von Kombinationsmöglichkeiten verlieren.
>
> Der Relevanzdruck, ausgeübt durch die Umwelt, gibt unterschiedliche Beziehungen oder Verhältnisse vor. Vage Vorgaben ermöglichen eine Freiheit der Formwahl, wohingegen differenzierte Vorgaben die Variationsbreite erhöhen. Das kann wiederum Institutionalisierungen auf

komplexem Niveau ermöglichen (Schülein 1987, 137f; *vgl. System, Funktion und Rolle, 6. Planung und Information/6.3. Institutionsbildung und Umwelt/6.3.2. Institutionalisierung: Unbetimmtheit und Bestimmtheit)."*

Zum Beispiel berichtet *Wolfgang Schüssel* in dieser Runde der vier Politiker plötzlich von Maßnahmen gegen die Lehrlingsarbeitslosigkeit (zu diesem Thema ist ihm in der vorangegangen Konfrontation mit *Alfred Gusenbauer* wenig eingefallen). Man könnte meinen, diese Aussage sei aufgrund des von Seiten der SPÖ ausgeübten Drucks, sich Problemlagen bestimmter Teile der Bevölkerung in vermehrtem Ausmaß zuzuwenden (diese offen dargestellte und offen gehaltene Relation zu determinieren), entstanden:

Wolfgang Schüssel:

"...Sie fordern zum Beispiel, Dr. Gusenbauer ununterbrochen eine Investitionshilfe, Sie haben sie mitbeschlossen, Sie haben mit uns, unseren Vorschlag beschlossen, eine Investitionsprämie von zehn Prozent, die natürlich vor allem allen Betrieben zu Gute kommt, und nicht nur die ihren Freibetrag, den Gewinn machenden Betrieben, sondern das wird für alle Betriebe zur Verfügung gestellt und die Effekte merken wir auch schon, es wird wieder investiert, also keine Rede vom Nichtstun, genauso bei der Jugendbeschäftigung, wir haben eine große, *großangelegte Lehrlingsvermittlungsaktion* gestartet, Bundesregierung, Medien, Wirtschaftskammer, Sozialpartner, Effekt, wir haben 2000 Lehrlinge bereits untergebracht, das sind 2000 ganz konkrete Schicksale..."

(2) Gedanken, Wahrnehmungen, Äußerungen und Handlungen (auch von Politikern) werden in der Logik und innerhalb der Schematas bereits realisierter (erfolgreicher) Praktiken (weiter-)erzeugt, die unter

dem Begriff Habitus gefasst werden (System, Funktion und Rolle, Kislinger 2001, S 37):

> Bourdieu (1987, 103) spricht über systemimmanente 'Gesetze' der Erzeugung des Habitus, die sich zwischen unverhersehbarer Neuschöpfung und Reproduktion ursprünglicher Konditionierungen bewegt:
>
> "Da der Habitus eine unbegrenzte Fähigkeit ist, in völliger (kontrollierter) Freiheit Hervorbringungen - Gedanken, Wahrnehmungen, Äußerungen und Handlungen - zu erzeugen, die stets in den historischen und sozialen Grenzen seiner eigenen Erzeugung liegen, steht die konditionierte und bedingte Freiheit, die er bietet, der unvorhergesehenen Neuschöpfung ebensofern wie der simplen mechanischen Reproduktion ursprünglicher Konditionierungen ... Daß die Erzeugung des Systems von Praktiken oder Werken, die vom selben Habitus wie denen, aus denen sich die Einheitlichkeit des Lebensstils einer Gruppe oder Klasse ergibt erzeugt werden, weder als eigenständige Entwicklung eines einzigartigen und stets mit sich selbst identischen Wesens noch als fortwährende Neuschöpfung beschrieben werden kann, liegt daran, dass sie in und vermittels der zugleich notwendigen und unvorhersehbaren Konfrontation des Habitus mit dem Ereignis erfolgt, das auf den Habitus nur dann einen relativen Reiz ausüben kann, wenn dieser das Ergebnis der Zufallsbedingheit entreißt und zum Problem macht, indem er genau die Prinzipien darauf anwendet, mit denen es gelöst werden kann. Weiter liegt es daran, dass mit dem Habitus wie mit jeder Erfinderkunst unendlich viele und (wie die jeweiligen Situationen) relativ unvorhersehbare Praktiken von dennoch begrenzter Verschiedenartigkeit erzeugt werden können (*vgl. System, Funktion und Rolle, 1. Rolle und Performanz/1.2. Charakter, Identität und Rolle/ 1.2.6. Ausdrucksformen des Habitus*)."

(3) Individuelle Problemlagen entsprechen aus der Sicht von Politikern, die Entscheidungen strategisch treffen, einer operativen Ebene, der nur sehr partiell entsprochen wird (System, Funktion und Rolle, Kislinger 2001, S 187):

"...Während der operative Bereich eher durch eine scheinbar objektive Abbildung der realen Welt zur Erfüllung simplexer Probleme charakterisiert werden kann, ist der strategische Bereich mehr durch abstrakte mögliche Welten (Bosman und Sol 1982, 123) mit einer Vielzahl relevanter Kontexte zur Handhabung komplexer Probleme gekennzeichnet (*vgl. System, Funktion und Rolle, 6. Planung und Information/6.2. Information/6.2.2. Information als Signal*)."

(4) Arbeitsteilig haben die Koalitionspartner (ÖVP, FPÖ) in der letzten Konfrontation in einer neu gebündelt erscheinenden Einigkeit die stärkste Opposition (SPÖ) attackiert. Vergleichen ließe sich das spontane Wechselspiel mit dem Ergänzungsverhältnis der Bedeutungsräume zweier betriebswirtschaftlicher Begriffe/Bezeichnungen, der "Strategischen Planung" und dem "Strategischen Issue Management" (System, Funktion und Rolle, Kislinger 2001, S 198):

"Während das strategische Issue Management für eine antizipative Handhabung von Diskontinuitäten ('before the fact preparedness') sorgt, ist die strategische Planung für das Chancen- und Krisenmanagement nach vollständiger Konkretisierung eines Sachverhaltes gedacht ('after the fact approach'). Die Aktivitäten gelten dann meist der Handhabung von Diskontinuitäten, die zu strategischen Überraschungen wurden. Daher unterscheiden sich die beiden Management-Ebenen in ihrer Art, Informationen in den Prozeß einzubinden:
Ausgangspunkt der strategischen Planung sind die anstehenden strategischen Entscheidungen, welche einen bestimmten Informationsbedarf definieren und eine Reihe von Anforderungen an die Qualität dieser Information stellen.
Im Gegensatz dazu wird im strategischen Issue Management untersucht, welche Folgerungen aus den vorliegenden - mitunter qualitativen oder gar fragmentarischen und mehrdeutigen - Informationen gezogen und welche Entscheidungen bzw. Aktionen schließlich abgeleitet werden können. Informationen besitzen somit eine 'trigger'

Funktion; sie initiieren strategische Analysen und Aktionen (Liebl 1991, 11; *vgl. System, Funktion und Rolle, 6. Planung und Information/6.3. Institutionsbildung und Umwelt/6.3.3. Thematische Planung - Management strategischer Issues*)".

TEIL F

Das Ergebnis der Nationalratswahl

am 24. November 2002

Thema: Veränderungen

Entscheidung der Wähler und Gruppenemotion

Das Nachrichtenmagazin *Profil* (Profil Nr. 48, 25.11.2002, Titelblatt) gibt die Anteile der Großparteien nach der Nationalratswahl wieder:

ÖVP 42, 27 %, SPÖ 36, 39 %, FPÖ 10, 16 %, GRÜNE 8, 96 %.

Damit erhält die ÖVP vom Bundespräsidenten den Auftrag der Regierungsbildung. Mit dieser Stärke kann die ÖVP zwischen drei Koalitionspartnern wählen.

In dem Gespräch der vier Parteiobmänner mit dem Moderator *Dr. Werner Mück*, direkt anschliessend an die letzten Auszählungen am 24 November 2002 (ORF 2, Nationalratswahl 2002, 20 Uhr 15 bis 21 Uhr 35), halten sowohl SPÖ als auch GRÜNE eine Koalition mit der ÖVP für unwahrscheinlich, während die FPÖ eine Koalition mit der ÖVP als wahrscheinlich einschätzt.

(Beziehungs-)ANALYSE:

Nach der Wahl sieht die Analyse, dass *Wolfgang Schüssel* in die Vorgänge um Personen der FPÖ involviert sei (vgl. S 11), anders aus: Die FPÖ erscheint in die Vorgänge der ÖVP involviert. Die ÖVP ist Nutznießer des erfolgten Akts einer Exszenierung (vgl. S 15) durch und in der FPÖ. Die FPÖ ist auf ihren harten Kern zurückgefallen.

Gemäß einer auch von *Wolfgang Schüssel* vertretenen Sicht und Interpretation der jüngst zurückliegenden Ereignisse hat sich die FPÖ vor der Wahl in zwei Lager gespalten, die traditionelle Linie und die in der Regierung voll integrierte neuere Linie (repräsentiert durch die Quereinsteigerin *Susanne Riess Passer*, Vizekanzerlin, die beiden ehemals sehr die traditionelle Parteilinie vertretenden *Karl Heinz Grasser*, Finanzminister, und *Peter Westenthaler*, Klubobmann). Um die innere Kohärenz wieder herzustellen, hat die FPÖ dieser jüngeren "Generation" das Vertrauen entzogen. Die im Moment gegebene Popularität des nun abgestoßenen neuen Flügels könnte einen großen Teil der immensen Stimmenverluste FPÖ erklären.

REFERENZPUNKTE:

(1) Thematisch besonders auf politische Strömungen und innerparteiliche Konstituierungs- und Wandlungsprozesse anwendbar, lassen sich bei Auftreten massiver Spannungen - vorzustellen auf einen längeren Zeitraum - unterschiedliche Ebenen, Möglichkeiten und "Richtungen" zur (Auf-)Lösung dieser Spannungszustände unterscheiden (System, Funktion und Rolle, Kislinger 2001, S 164):

> "Spannung bezieht sich hier auf die Beziehung zwischen zwei oder mehreren strukturellen Einheiten (zum Beispiel Subsysteme eines Systems), die die Tendenz hat, einen Druck in Richtung auf den Wandel dieser Beziehung auszuüben, eine Veränderung, die mit dem Gleichgewicht des betreffenden Systemteils unvereinbar wäre. Wenn die Spannung groß genug wird, können die Kontrollmechanismen die Konformität mit den normativen Erwartungen, die den Bestand der Struktur garantieren, nicht mehr aufrechterhalten. Eine Spannung ist eine Tendenz zum Ungleichgewicht in der Input-Output-Bilanz zwischen zwei oder mehreren Systemeinheiten. Spannungen können auf ganz verschiedene Weise gelöst werden. Der ideale Weg zur Erhaltung der Systemstabilität ist die befriedigende Lösung der Spannung, d.h. die Wiederherstellung der vollen Konformität mit den normativen Erwartungen, vergleichbar der völligen Heilung einer Krankheit. Ein zweiter Mechanismus der Spannungslösung besteht in ihrer Hemmung oder Isolierung - die volle Konformität wird nicht wiederhergestellt , aber es kommt zu einem Arrangement, in dem akzeptiert wird, daß die betroffene Einheit eine geringere als die Normalleistung erbringt und daß die anderen Einheiten die verbleibenden Aufgaben mitübernehmen. Es kann jedoch sehr schwierig sein festzustellen, daß eine Einheit nicht über ihr volles Potential verfügt; das ist zum Beispiel der Unterschied zwischen Krankheiten und Entwicklungsstörungen. Im

äußersten Fall muß der betreffenden Einheit ihre soziale Funktion genommen werden.

Spannungen können aber auch durch Wandlungen der Struktur selbst gelöst werden...(Zapf 1979, 38f; *vgl. System, Funktion und Rolle, 5. Handlung und Prozess/5.7. Veränderung und Wandel*)."

Die in allen Teilen beschriebenen Phänomene sind bei den einzelnen Parteien in den vergangenen Wochen beobachtbar gewesen, Phänomene, die zu anderen Zeitpunkten bei anderen Parteien sichtbar waren oder sein werden.

(2) Vor allem aber stehen sehr deutliche emotionale Phänomene im Vordergrund, die eine erneute Öffnung den Wählern gegenüber signalisieren; dieser persönlich-emotionalen Öffnung vor der Wahl entsprechen die Reaktionen nach der Wahl: Enttäuschung über einen ungünstigen Ausgang oder Freude über das Vertrauen der Wähler (System, Funktion und Rolle, Kislinger 2001, S 58):

Mills (1969) behandelt die Themen Stimmungsübertragung, Zwecke der Gruppenbildung und Gruppenemotion:

"Wenn Individuen zusammen sind, bildet sich eine bestimmte Gruppenemotion, in die ihre Bedürfnisse, Wünsche, Befürchtungen und Angstgefühle, Frustrationen, Freuden, Zuneigungen, Zufriedenheiten und Solidaritätsgefühle eingehen. Keiner dieser Faktoren steht für sich allein, eher befinden sich alle in einem gegenseitigen Abhängigkeitsverhältnis. Was ein Individuum in einer Gruppe tut, wirkt sich auf die anderen Gruppenmitglieder aus; seine Gefühle wirken ansteckend; und die Bedürfnisse oder die Äußerungen dieser Bedürfnisse rufen emotionale Reaktionen bei anderen hervor. Vermutlich besteht eine dauernde Wechselwirkung zwischen den emotionalen Erfahrungen der einzelnen Gruppenmitglieder. Aus dieser Wechselwirkung ergibt sich häufig eine Struktur der emotionalen Beziehung...(s.o. 97f)...Die

Zwecke der Gruppenbildung und -aktivität können fünffacher Art sein: (1) Unmittelbare Bedürfnisbefriedigung, (2) Aufrechterhaltung der Bedingungen der Bedürfnisbefriedigung, (3) Verfolgung eines kollektiven Ziels, (4) Selbstbestimmung und (5) Wachstum (s.o. 154)...

...gehören zur Gruppenemotion:(1) die Bedürfnisse und Antriebe, die in erster Linie die Gruppe formen; (2) Gefühle der Befriedigung oder der Frustration, die aktueller Erfahrung in der Gruppe entstammen; (3) positive und negative Beziehungen zwischen den einzelnen Gruppenmitgliedern; und (4) Gefühle der Anhänglichkeit an die Gruppe als Ganzes oder Gefühle der Entfremdung von ihr. Zusammenfassend kann man sagen, daß sich der Begriff der 'Gruppenemotion' auf die Struktur der bewußten und unbewußten instinktmäßigen und emotionalen Prozesse bezieht, die sich in Individuen und zwischen ihnen abspielen und damit beeinflussen, was die Gesamtheit der Mitglieder tun kann und was nicht, was sie sagen, glauben und denken. Wenn wir von einem bestimmten Feld von Kräften ausgehen, die in jedem Augenblick auf die Gruppe einwirken und das beeinflussen, was sich in ihr ereignet und was nicht; wenn wir nun aus diesen Kräften diejenigen auswählen, die auf die Antriebe und auf die Gefühle der einzelnen Gruppenmitglieder zurückzuführen sind, und wenn wir schließlich diese verschiedenen Kräfte als eine bestimmte strukturierte Einheit betrachten - dann sprechen wir von Gruppenemotion (s.o. 99f; *vgl. System, Funktion und Rolle, 2. Entität und Lebenswelt/2.2. Gruppen/ 2.2.4. Energie der Gruppe*)."

Begründende Faktoren für die beobachtbaren (polit-dynamischen) Phänomene sind unter anderem tatsächliche oder erwartete Mehrheiten in der Bevölkerung und im Parlament. Schnelle Befragungen verschiedener Meinungsforschungsinstitute geben den Politikern wie den Wählern die Möglichkeit, momentane Trends möglichst realitätsnah einzuschätzen und eigene Handlungen darauf abzustimmen.

(3) Die Partei, die Politiker und die Wähler sind vorerst vor der Wahl in Bezug auf mögliche Reaktions- und Verhaltensmöglichkeiten undurchsichtig und unbestimmbar. Dann beginnt ein Prozess, in dem sich der Wähler auf seine Wünsche und der Politiker auf künftiges Regierungsverhalten festlegt. Spätestens bei der Wahl, den Koalitionsverhandlungen und der Koalition müssen sich die Systeme in Bezug auf das jeweils andere festlegen, Elemente abspalten, neue Elemente dazu nehmen, etc. Die Wahl ist eine milde Einstimmung zu der darauffolgenden, nötigen Readjustierung der System-Umwelt-Verhältnisse und Umwelt-System-Verhältnisse (System, Funktion und Rolle, Kislinger 2001, S 196):

> "Luhmann geht aus von einer Art Ursprungssituation der Kontaktaufnahme zweier Systeme, die füreinander völlig undurchsichtig und unbestimmbar sind ('black boxes', Luhmann 1984, 156). Um überhaupt miteinander in Beziehung treten zu können, müssen diese beiden Systeme sich füreinander 'enttautologisieren' (s.o. 167), d.h. die eigene Unbestimmtheit im Blick auf das andere System einschränken. Dies geschieht zunächst einseitig über eine prospektive Bestimmung des Verhaltens des anderen Systems: über Erwartung. Auf diese (wohlgemerkt: Selbst-)Bestimmung muß nun das andere System reagieren. Es muß die Erwartung als Information in autopoietischer Selbstbestimmung integrieren. Es muß sein eigenes System-Umweltverhältnis aufgrund dieser Information reformulieren, readjustieren. Dazu gehört

auch die Entwicklung von Erwartung im Blick auf das erste System, das wiederum in analoger Weise die Reaktion des anderen Systems verarbeiten muß, und zwar nun nicht mehr völlig ohne Vorgabe, sondern in Bezug auf die ursprüngliche Erwartung als deren Erfüllung oder Enttäuschung. Beide Systeme haben jetzt ihr System-Umwelt-Verhältnis im Blick auf das jeweils andere System reformuliert, sie haben sich selbst im Blick auf das andere bestimmt. In dieser Kontaktaufnahme emergiert autopoietisch ein Zusammenschluss der Relationen zwischen den Ausgangssystemen: Es entsteht ein eigenes System der Relationen der miteinander kommunizierenden Systeme, mit einem eigenen System-Umwelt-Verhältnis, einem eigenen Handlungs- und Erlebensvermögen und besonders einer eigenen Elementkonstitution, insofern die Elemente des emergierten Systems nicht identisch sind mit den Ausgangssystemen bzw. mit deren Elementen (*vgl. System, Funktion und Rolle, 6. Planung und Information/6.3. Institutionsbildung und Umwelt/6.3.2. Institutionalisierung: Unbestimmtheit und Bestimmtheit*)."

Nachwort

Bei der Wahl setzt sich eine von den Wählern favorisierte Variante, der unterschiedlichen, miteinander konkurrierenden Sichten, Anschauungen, Präferenzen und Werthaltungen durch. Das Ergebnis, das sich aus einem Wechselspiel mehrerer Faktoren zusammensetzt, begünstigt und bestimmt unterschiedliche Konstellationen und Kräftefelder.

Das dokumentierte Ereignis, die Hauptdarsteller, die von ihnen aufbereiteten Themen und der Prozess zwischenparteilicher Konkurrenz wird in Form simultaner Gesprächs- und Konfrontationsdarstellungen wiedergegeben. Was Zuseher wahrnehmen, ist das Ergebnis von medialen Darstellungs- und individuellen Verarbeitungsformen situationsbezogener (und möglichst -spezifischer) Information.

Parteiliche Prozesse und Abläufe lassen sich aus dem politisch-inhatlichen Kontext herauslösen und auf ihren soziodynamischen Anteil reduzieren. Bei diesem Unterfangen erscheinen die Interessen öffentlich-medialer Darstellung und (einer vorgestellten Form) sozialwissenschaftlicher Analyse deckungsgleich und ident.

Als Konkretion komprimierter, vieldeutiger, zeitlich und räumlich vielgestaltiger, inner- und außerparteilicher Abläufe und Prozesse befinden sich die miteinander sprechenden Politiker im Blickfeld der Zuseher (und Wähler). Aus einer sozialwissenschaftlichen Perspektive ist diese Konfrontation(sdarstellung) eine trügerische Gestalt, verschweigt und verbirgt sie doch ihren strukturellen, multi-emotionalen und -personalen Charakter.

Literatur

Austin J.L. Zur Theorie der Sprechakte. Reclam 1972. (How to do things with words. London 1962).

Bales, R.F. A set of categories for the analysis of small group interaction. American Sociological Review, 15, 257f, 1950.

Bourdieu P. Sozialer Sinn. Suhrkamp, Frankfurt 1987.

Berger P.L., Luckmann T. Die gesellschaftliche Konstruktion von Wirklichkeit. Eine Theorie der Wissenssoziologie. Frankfurt 1977.

Bosman A., Sol H.G. Evolutionary Development of Information Systems. In: Hawgood J. (Ed.), 121ff, Amsterdam 1982.

Esser H. Soziologie. Allgemeine Grundlagen. Campus, New York 1993.

Goffman E. Interaktionsrituale. Suhrkamp, Frankfurt 1971.

Goffman E. Das Individuum im öffentlichen Austausch. Suhrkamp, Frankfurt 1974.

Goffman E. Rahmenanalyse. Suhrkamp, Frankfurt 1977.

Jackson J.M. Structural characteristics of norm. In: Steiner J.D. , Fishbein M. (eds.) Current Studies in social psychology. New York 1965.

James W. Principles of Psychology. Bd II, 283-322. New York 1893.

Kieser A. , Kubicek H. Organisationstheorien II. Klett, Stuttgart 1978.

Krappmann L. Soziale Dimension der Identität: Strukturelle Bedingungen für die Teilnahme an Interaktionen. Klett- Cotta, Stuttgart 1988.

Kunnemann H. Der Wahrheitstrichter. Campus 1991.

Liebl F. Schwache Signale und Künstliche Intelligenz im strategischen Issue Management. Peter Lang, Frankfurt 1991.

Luhmann N. Soziale Systeme: Grundriß einer allgemeinen Theorie. Suhrkamp, Frankfurt (1984, 1990) 1991.

Lyotard J.F. Essays zu einer affirmativen Ästhetik. Merve 1980.

Mead G.H. Geist, Identität und Gesellschaft. Frankfurt (1968) 1973.

Merton R.K., Barber E. Sociological Ambivalence. In: Tiryakian A. (Hg.) Sociological Theory, Values and Sociocultural Change, 91-120. Free Press, New York 1963.

Miebach B. Soziologische Handlungstheorie, 59-62. Opladen 1991.

Mills Th.M. Soziologie der Gruppe, 12-34. Juventa 1969.

Parsons T. Structure of Social Action (I u. II). New York 1949.

Parsons T., Bales R.F. und Shils E.A. Working papers in the Theory of Action, 111-116. New York 1953.

Parsons T. Das System moderner Gesellschaften. München: Juventa 1972.

Parsons T. Aktor, Situation und normative Muster. Suhrkamp, Frankfurt 1986.

Rosenstiel L. von, Molt W., Rüttinger Br. Organisationspsychologie. Kohlhammer, Stuttgart 1986.

Searle J. Sprechakte: ein sprachphilosophischer Essay. Suhrkamp, Frankfurt 1992.

Schülein J.A. Theorie der Institution. Westdeutscher Verlag 1987.
Schütz A. Die mannigfachen Wirklichkeiten. In: Schütz A. Gesammelte Aufsätze Bd. 1: Das Problem der sozialen Wirklichkeit, 237-298. Den Haag 1971.
Weick K.E. Der Prozeß des Organisierens, 133-135. Suhrkamp, Frankfurt 1985.
Zapf W. Theorien sozialen Wandels. Athenäum, Königstein: 1979.

Die für das vorliegende Fallbeispiel zusätzlich verwendete Zeitschrift: Das *Profil,* Das unabhängige Nachrichtenmagazin Österreichs, Nr. . 45, 47 48 , 33. Jg., 4., 11., 18., 25. Nov. 2002, in derselben Reiheinfolge S 16, 17; 36, 23; Titelblatt.

Was ist es,

das die Bürger wahrnehmen,

wenn Politiker,

kolportiert durch ein Medium,

(zu Ihnen) sprechen?